新知图书馆
第二辑

25个音乐科学实验

MUSIC

【美】史蒂芬·M.托马舍克/著　迟文成/译

上海科学技术文献出版社
Shanghai Scientific and Technological Literature Press

图书在版编目（CIP）数据

25个音乐科学实验 /（美）史蒂芬·M.托马舍克著；迟文成译．—上海：上海科学技术文献出版社，2019
ISBN 978-7-5439-7888-1

Ⅰ.①2… Ⅱ.①史…②迟… Ⅲ.①科学实验—初中—教学参考资料 Ⅳ.① G634.73

中国版本图书馆 CIP 数据核字（2019）第 074857 号

Experimenting with Everyday Science: Music

Copyright © 2010 by Infobase Publishing

Copyright in the Chinese language translation (Simplified character rights only) © 2019 Shanghai Scientific & Technological Literature Press

All Rights Reserved
版权所有，翻印必究

图字：09-2019-281

策划编辑：张　树
责任编辑：于学松　苏密娅
封面设计：许　菲

25个音乐科学实验
25GE YINYUE KEXUE SHIYAN
[美]史蒂芬·M.托马舍克　著　迟文成　译
出版发行：上海科学技术文献出版社
地　　址：上海市长乐路746号
邮政编码：200040
经　　销：全国新华书店
印　　刷：常熟市人民印刷有限公司
开　　本：720×1000　1/16
印　　张：8.75
字　　数：147 000
版　　次：2019年6月第1版　2019年6月第1次印刷
书　　号：ISBN 978-7-5439-7888-1
定　　价：28.00元
http://www.sstlp.com

序 言

当你听到"科学"这个词时,最先想到的是什么?是否和大多数人一样,想到陈列着各种各样玻璃器皿和许多精密仪器的实验室?想到总是身着白大褂,整日埋头于各种实验,满脸严肃的科学研究人员?虽然在许多地方这种对科学家的传统看法仍然是正确的,但是实验室却不是唯一存在科学的地方。在某个建筑工地、篮球场甚至是一场你喜爱的乐队的演奏会上,都可以发现科学。实际上,科学无处不在。我们在厨房里做饭时要用到科学;画画时要用到科学;建筑师设计建筑物时要用到科学;甚至解释为什么你最喜欢的棒球选手可以打一个本垒打也要用到科学。

几个世纪以来,人类不断地对周围世界进行探索和研究,从中获得的知识不断积累成科学。科学知识的代代传承通过一系列的教育活动得以实现。所有科学教育活动的一项基本目的就是培养年轻人具有批判性思维和解决问题的能力,而这些能力是受益终身的。

科学知识教育具有学术独特性,不仅要展现事实规律、传授技能,更要培养学生的好奇心和创造性。因此,科学是主动的过程,不可能完全用被动的教学方法实现上述目标。教育工作者时常面临"科学教育的最佳途径是什么"这样的难题。尽管尚无确切答案,但是教育界的一些研究成果还是为我们带来了有益的启示。

研究表明,学生必须积极主动地参与科学实践,通过切身体验学习科学知识。我们要鼓励人们摆脱和超越书本,敢于质疑,提出新奇的设想,进行大胆的预测和假设,自己设计实验内容和步骤,并能收集相关信息,记录实验数据,分析所发现的结果,利用各种资源来拓展知识。换言之,在学习科学的过程中,不能只用耳朵"听",还必须动手"做"。这也就是学科学的最佳方法——"做"科学。

所谓"做"科学就是进行科学实验。涉及科学的课程当中,实验部分发挥着多项教育功能。在很多情况下,需要实际操作的教学活动能有效地激发学生的兴趣,有助于新课题的导入。例如,我们介绍某一有争议的实验,会激发学生的探究欲望并解开现象背后的谜团。课堂上的调查研究活动也有助于学生温故知新。根据神经科学的理论,科学实验和其他学习实践活动有助于将新知识从短期记忆转化成长期记忆。以实践活动和实验为主的"做"科学不仅有助于学生掌握科学概念,而且有助于培养当今年轻人对科学的兴趣。

为此,我们策划了这套"新知图书馆"系列丛书,汇集了天文、地理、物理、化学、生物、海洋、机械、音乐、体育、艺术、建筑、环境等多个领域的科学内容,我们将通过实验验证这些学科内容在日常生活中的应用,通过简单的实验吸引学生兴趣,使之能够进行实践操作,实现我们所说的"做"科学。丛书每个分册围绕一到两个主题设计了 20~40 项实验,实验所用的材料大多都是生活中常见的物品。各类实验配有插图和图解,便于抓住学生注意力,直观地传递信息。所有实验都会综合调动学生进行科学探究的各方面技能,诸如观察、测量、归类、分析以及预测等。此外,某些实验要求学生通过自己设计并完成开放式实验项目,锻炼其探究科学的能力。

书中大多数的实验都是要求在教师和成年人的指导下,以小组的形式进行的,这其中的一个好处是学生们有机会通过社会交往途径进行学习,使得学生有了集思广益和相互学习的机会。神经科学的研究成果证明,小组学习是一种有效的学习手段,人脑是具有社会属性的器官,人际交流和相互协作能提高学习的效果。

"新知图书馆"系列丛书的目标是借助实验激发学生学习科学的兴趣,传授基本的科学概念,培养批判性思维能力。当学生完全沉浸在丰富的实验环境中,他们会经历许多惊喜并获得意外收获,体验到新旧知识融合以及豁然开朗的非凡乐趣。在这样的条件下,学习活动才真实生动而又效果持久。

我们希望当你们完成这些实验时,能对身边的世界有更好的了解。也许阅读这套书并不能使你们成为一流的运动员或数一数二的科学家,但是我们希望这些实验能够激发你们去发现日常生活中的科学,也能鼓励你们把我们的世界变得更加美好。

目 录

实验前必读 ··· 1
简介 ··· 1
1. 声学 ··· 3
实验 1 　精选的发声材料 ··· 5
实验 2 　振动速度与幅度对波有怎样影响 ····································· 10
实验 3 　制造纵波 ··· 14
实验 4 　反射的声波 ··· 18
实验 5 　控制乐器音量 ··· 22
实验 6 　振动速度如何影响音高 ··· 26
2. 早期音乐创作者 ··· 31
实验 7 　用嘴部控制音高 ··· 32
实验 8 　控制声带 ··· 36
实验 9 　梆子 ··· 40
实验 10 　管长对音高的影响 ·· 45
实验 11 　歌曲节奏与音符间隔 ·· 49
3. 弦乐器 ··· 53
实验 12 　振动弦上的张力 ·· 55
实验 13 　八度与音程 ·· 58
实验 14 　振动橡皮筋的声音 ·· 63
实验 15 　共振与乐器 ·· 67

实验 16　利用共振器放大声音 …………………………………… 71
4. 管乐器　75
实验 17　控制竖笛的音高 …………………………………………… 77
实验 18　长号发声 …………………………………………………… 81
实验 19　制作迪吉里杜管验证共振 ………………………………… 85
实验 20　管乐器的形状如何影响它的声音 ………………………… 89
实验 21　不同材料的振动 …………………………………………… 93
5. 打击乐器　97
实验 22　制作非膜质打击乐器 ……………………………………… 99
实验 23　演奏共振的水杯 …………………………………………… 102
实验 24　验证金属架管钟的声音 …………………………………… 106
实验 25　控制鼓的发声 ……………………………………………… 110
6. 当代音乐风格　115

实验前必读

在开始任何实验前仔细阅读

每项实验都包括与具体主题相关的特别安全提示。这些提示不包括那些在做其他任何科学实验时都必须注意的基本规则。因此,你必须仔细阅读下面的安全准则,并时刻牢记在心。

科学实验很容易有危险,规范的实验步骤应该包括细致的安全守则。在实验过程中随时会有意外发生,例如,材料可能会溢出、破碎,甚至着火。发生危险时你甚至来不及自我保护。在整个实验过程中,不论是否会对你造成危险,你都要严格遵守下面的安全提示,时刻警惕意外危险发生。

对每个独立的实验我们都设计了比较保守的安全预防措施。所以,我们希望你能认真对待本书中的所有安全提示。正是因为非常危险,因此你应该明确看到了这些提示。

因为时刻记住所有的规则并不容易,所以在开始每一项实验之前和准备每一项实验时都要重新阅读这些规则,这样你就会在实验的每一个危险关头注意保持安全。此外,在做那些会发生潜在危险的步骤时,你要运用自己的判断力,时刻保持警惕。虽然书中并没有提到"小心热的液体"或"不要用刀划破你的手指",但并不表示你在烧水或在塑料瓶上打洞时可以疏忽大意。书中的安全提示只是一些特别的提醒。

安全准则

粗心、仓促、缺乏知识或不必要的冒险都会引发事故,采取安全的步骤和在整个实验过程中都保持警惕可以避免上述危险。一定要阅读书中每项具体实验后附加的安全提示和遵从需要成人监督的要求。如果你是在实验室里做实验,记住不要一个人操作。如果不是在实验室里做实验,要至少3个同学一组,并严格遵守学校和各地的法律对监督人员数量的要求。请求具有急救知识的成人监护员看护,并准备好急救包。确保在实验过程中人人都知道急救员的位置。

准 备

- 在实验之前清理桌面,保持干净。
- 开始实验之前,阅读整个实验说明。
- 了解实验中的危险和可预料的危险。

自我保护

- 有步骤地遵守实验说明。
- 每次只做一个实验。
- 确定安全出口、灭火毯和灭火器的位置,关闭燃气和电源开关,准备好洗眼水和急救包。
- 确保充分通风。
- 不要喧闹嬉戏。
- 不要穿露脚趾的鞋。
- 保证地板和工作间干净、整洁、干燥。
- 立即清除溢出物。
- 如果玻璃器皿破裂,不要自己打扫,请求教师帮助。
- 把长头发束到脑后。
- 不要在实验室或工作间里吃东西、喝饮料或吸烟。
- 除非有知识丰富的成人明确告知,否则不要食用任何实验用的材料。

小心使用器材

- 不要把仪器竖立在桌子边缘。
- 小心使用刀子或其他尖锐的仪器。
- 拔电源插头,而不是拔电线。
- 使用前后都要清洗玻璃器皿。
- 检查玻璃器皿的擦痕、裂痕和尖锐边缘。
- 玻璃器皿破碎了要立即通知老师。
- 不要让反射光照射你的显微镜。
- 不要触摸金属导体。
- 小心用电。
- 使用酒精温度计,而不是水银温度计。

使用化学品

- 不要品尝或吸入化学品。
- 在盛有化学品的瓶子和仪器上贴好标签。
- 仔细阅读标签。
- 避免化学品接触皮肤和眼睛(戴安全镜或护目镜、实验用围裙和手套)。
- 不要触摸化学溶液。
- 使用溶液前后要洗手。
- 彻底清除溢出物。

加热物质

- 在加热材料时戴安全镜或护目镜、围裙和手套。
- 使你的脸远离试管或烧杯。
- 当在试管里加热物质时,避免把试管的顶端对着其他人。
- 使用耐热玻璃制成的试管、烧杯和其他玻璃器皿。
- 不要使仪器处于无人看管状态。

- 使用安全钳和耐热手套。
- 如果你的实验室没有耐热工作台，把本生灯放在耐热垫上之后再点燃。
- 点燃本生灯时要注意安全；点燃本生灯时保持通气孔关闭，使用本生灯专用打火机而不用火柴。
- 使用电炉、本生灯和燃用气体完毕后立即关闭。
- 使易燃物远离火焰或其他热源。
- 手边准备一个灭火器。

实验结束

- 彻底清理你的工作场所和任何使用过的玻璃器皿。
- 洗手。
- 小心不要把化学品或污染了的试剂放入错误的容器。
- 不要在水槽里处理材料，除非要求这样做。
- 清理所有的残留物，把它们放到正确的容器里进行处理。
- 按照各地法律规定处理化学品。

随时保持安全意识！

简 介

"新知图书馆"系列丛书以其科学简洁的语言介绍和逻辑严谨的结构安排,为中学生提供了一个内容丰富的科普盛宴。其中《25个音乐科学实验》一书,很容易让人联想到艺术,但实际上它与其他诸分册并没有太大的不同。这不是介绍音乐艺术的书作,它是一本关于音乐中所蕴含的科学的著作。从发声原理到声波理论,从乐器结构到音高音量,从乐器制作到音乐创作,书中的每个实验都在向我们证实一个科学道理。难能可贵的是,作者建议的实验所需材料普通易寻,操作简单,结果明晰,可谓中学生朋友真正的良师益友。

声　学

也许你演奏过乐器，也许你仅仅是喜欢唱唱歌曲或吹吹口哨。即使你没有什么特殊的音乐天赋，但你还是可以欣赏音乐。无论是摇滚乐、街舞音乐、古典音乐还是爵士乐，几千年来音乐都作为一种艺术形式深受人们的喜爱。

大多数人一听就能判断出什么是音乐。但是，像其他艺术形式一样，很难给音乐赋予一个严格的定义。这是因为音乐呈现出很多形式。音乐这个词本身来自希腊语"mousike"，而这个希腊文词汇又来自"mousa"，其含义为"艺术女神"。在古希腊，艺术女神们被认为是掌控艺术创作的神灵。

所有的音乐形式都涉及声音的创造和操控。多数音乐有某种曲调或声音形式，常常会被反复以此来创作歌曲。即使一首歌没有明确的曲调，它通常也会有某种节奏或韵律。

经过几千年的发展，人们已经实践过各种不同音乐并发现了许多创作音乐的方法。实事求是地说，作为一名音乐家就如同作为一名科学家。音乐家需要不断地实验他们用来创作歌曲的新想法和新材料。作为音乐家就意味着必须细心聆听。听就是一种观察，而观察是科学方法中很关键的步骤。我们将探讨一些科学如何影响音乐的方法。通过理解蕴藏在音乐中的科学，你也许能更好地体会音乐家和他们演奏的乐器所创造出来的音乐。

因为所有的音乐都涉及对声音的操控，所以我们首先探讨一些发声的科学。

声音是能量

声音存在于我们的周围。从树上悦耳的鸟鸣到飞机马达的轰响,我们时刻身处声音之中。声音是一种机械能。能量是使事物运动的东西。为了使一个物体发声,就必须使其有一定程度的运动。

当某个物体来回运动时,它就是在"振动"。因为不同的材料以不同的方式振动,所以它们就发出了不同的声音。在"实验1 精选的发声材料"中,你将会通过实验来了解不同的材料特性如何影响它们的振动和发声。

实验 1　精选的发声材料

题　目

哪些特性决定着材料发出的声音?

简　介

有一个由来已久的问题:"如果森林中的一棵树倒下但没有人听到,那么这棵树到底发声了吗?"根据科学观点,答案当然是肯定的。因为当树倒下的时候,它发生了移动,而任何移动的物体都会引起其周围的空气振动。

振动物体发出的声音是由物体本身的特性所决定的。材料的体积、形状、硬度、密度和柔韧度只是这些特性中的一部分,而这些特性是在制造乐器时设计者必须注意的。在下面这个实验中,你就会发现不同材料的特性是如何决定它们的发声的。

实验时间

45 分钟

实验材料

- 大的木质汤勺

- 金属盆
- 大的空玻璃杯
- 小木块
- 枕头
- 卷装手纸

安全提示

请仔细阅读并遵守本书"实验前必读"中的"安全准则"。

实验步骤

1. 把要做实验用的材料放在你前面的桌子上或其他某个较结实的平台上。每个物体要拿起来进行仔细检查。描述每个物体的外观和手感。将这些记录在数据表里。

2. 用木勺轻轻敲击盆的边缘。观察敲击时盆的变化,并对发出的声音加以说明。将观测到的结果记录在数据表里。

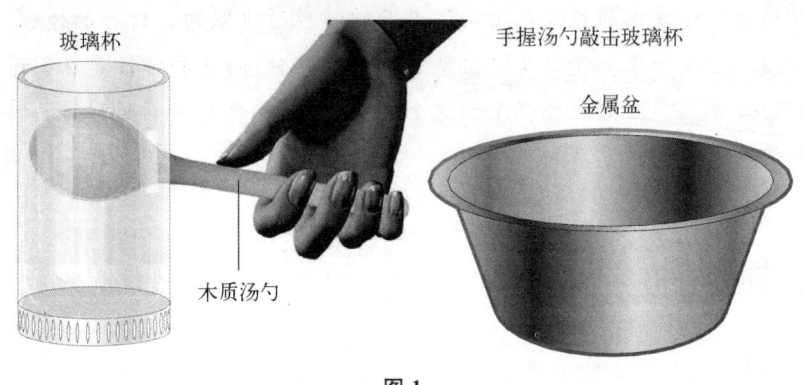

图1

3. 重复步骤2,敲击玻璃杯。记住用木勺轻轻敲击,以防打破。

4. 重复步骤2,敲击其他材料。在每次实验中,尽量以同等力量用木勺敲击物体。根据你的测试和观察结果,思考一下哪些物理特性对物体发出的声音类型有最大的影响。

数 据 表

物 体	描 述	发出声音的类型
金属盆		
玻璃杯		
木 块		
枕 头		
手 纸		

分 析

1. 哪个物体敲击之后振动的时间最长？
2. 用木勺敲击枕头的效果如何？为什么？
3. 根据实验结果，哪些物理特性对于物体的振动能力似乎最关键？

实验中将会发生什么？

许多物理特性对物体发出的声音有影响。要使一个物体发声，它必须在机械能作用下能够自由振动。一些物体甚至在移除机械能之后仍然保持振动。金属盆和水杯都产生了相对较大的声音，而且在木勺敲击后保持了较好的振动。这两个物体都是由坚硬和密度大的材料制成，并有着较薄的壁身。当用木勺敲击时，壁身持续振动，就像钟被敲击之后持续鸣响那样。

卷装手纸和枕头发出柔弱的声音，而且振动转瞬停止。柔软材料更容易吸收机械能。因此，它们的振动效果不好，发声能力很差。也正因为如此，像泡沫橡胶和织物这类材料常常被用于房间隔音。木块相对来说发出较大的声音，但振动也是转瞬消失。木材是一种坚硬而且相对密度较大的材料，但是木块的团块结构吸收了机械能，因此振动即刻停止。

实验1 精选的发声材料

实验结果

1. 声音的大小由物体的大小和物理特性决定,金属盆或玻璃杯都可能振动时间最长,发出声音最大。
2. 用木勺敲击枕头几乎没有声音和振动,这是因为枕头柔软并吸收了勺子的作用力。
3. 坚硬且密度大的材料振动效果好于柔软的材料。

能量与波动

为了制造声音,你需要使物体振动。但声音是如何从振动物体传递到你的耳朵的呢?声音是以**波**的形式从一处向另一处传播的。波的运动是传递能量的一种有效方式。光、热、无线电传送和电视传送都是靠波来完成的。

多数人在听到**波**这个词的时候,都会想到水波。水波可以用来很好地解释其他波的运动方式,因为所有的波都遵循着同样的基本原理。

如果一个人在池塘中作抱膝跳水,那么他的身体在接触水域时就形成了一种外力干扰。一个波浪就会从身体撞击的那个区域的水面传播开来。这个波浪看起来就如同水被向外推向各个方向,这就形成了一种连锁反应运动。波浪迅速传遍整个池塘,而且甚至可能漫过岸边,但是,施加的能量一消失,多数的水分子就会回到原来的位置。

能说明这一现象的另外一个例子是,人们在体育场或运动场做的"人浪"。做这种活动时,人们会按某一方式起坐运动。"波浪"传遍整个人群,但每个人却只是小幅运动。人们并非在满运动场奔跑。在"实验 2 振动速度与幅度对波有怎样影响"中,你将会通过实验看到振动的速度和幅度是怎样控制波的传播方式的。

声音以波传播的方式与水波传播的方式相同：它们都是由干扰或振动引起并在某一介质里传播。在水池中抱膝跳水会引起水域推力作用于相邻水域，导致连锁反应并形成波浪。了解波运动，最重要的是要知道波实际上不是把某一物质（如水或空气）从一个地方传递到另一个地方。而是由外力干扰或振动产生的波在这一物质中传播。

实验 2　振动速度与幅度对波有怎样影响

题 目

振动速度与幅度对波有怎样影响？

简 介

多数能量形式（包括声、光和热）都以波的形式传播。虽然波呈现出几种形式，但所有的波都由相同的基本组成。图 1 显示的就是一个普通波浪图。这与你在海洋水面看到的波浪是一样的。

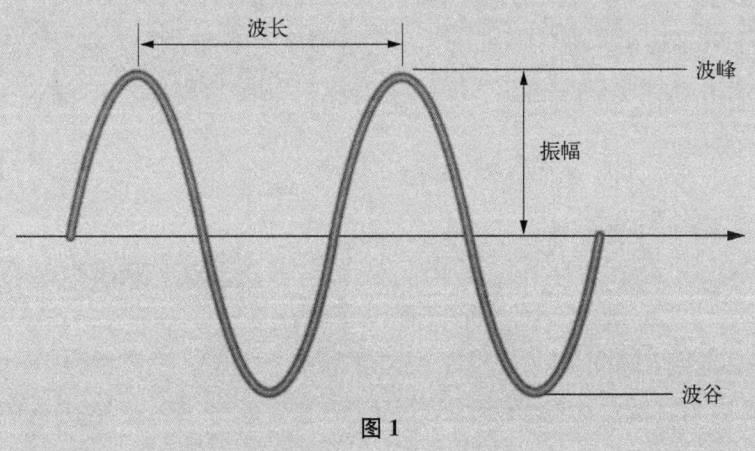

图1

波的最高点称为波峰。波的最低点称为波谷。一个波长是指两个邻波间相同位置的两点之间的距离。一个波长可以通过波峰到波峰的距离测得,或波谷到波谷的距离测得,或两个邻波的两个中点间的距离测得。波的振幅是波的中点到波峰的距离。换句话说,振幅等于整个波高的一半。

波可以看成是能量脉冲。每秒钟通过某一固定点的波的数量称为波的频率。波的频率单位叫作赫兹(Hz)。这一单位是以德国科学家海因里希·赫兹(Heinrich Hertz)的名字命名的。在19世纪晚期,他成为首次证明电磁波的科学家。当在1秒钟内通过某点的是1个波时,则波的频率是1赫兹。由于波的种类差异,频率可以低到不足1赫兹和高达几十亿赫兹。在下列实验中,你可以看到改变振动物体的能量如何影响一个波的振幅、波长和频率。

实验时间

45分钟

实验材料

- 3米长的细绳
- 测秒的计时设备
- 系绳用的门把手或其他固定物体

> **安全提示**
>
> 请仔细阅读并遵守本书"实验前必读"中的"安全准则"。

实验步骤

1. 将绳子的一端系在门把手或其他某个不会轻易移动的物体上。手紧紧地握住绳子的另一端,站在离系绳端大约2.5米的地方。保持绳子松弛,但不要碰到地面。

  2. 使绳端迅速地上下摆动约 30 厘米 1 次，并且观察绳子上的波形。重复这一过程，但这次摆幅要大，使上下摆动约达 60 厘米。再观察绳子上的波形。

  3. 让绳子停止运动。利用计时器来操作，让绳子每秒钟小幅摆动 1 次，摆动 5 秒钟。观察绳子上波形的产生并在数据表上记录下你的观测结果。

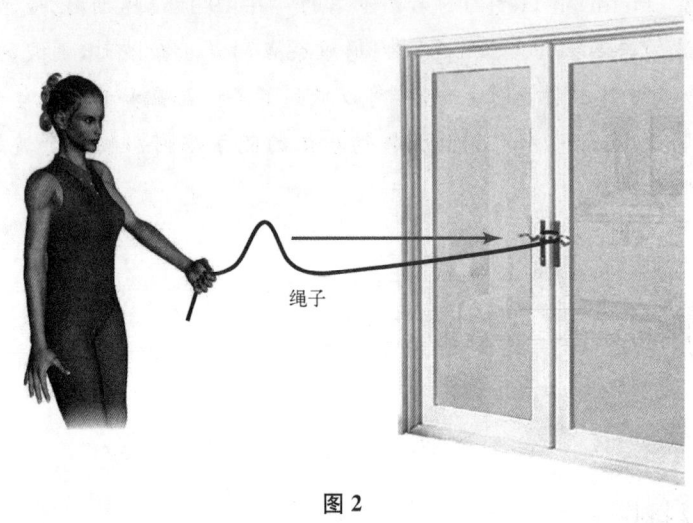

图 2

  4. 让绳子停止运动。重复第 3 步，但是让绳端每秒摆动 2 次。再观察绳子上波形的变化，并在数据表上记录下你的观测结果。

数 据 表

操　　作	波 形 描 述
1 次小幅摆动	
1 次大幅摆动	
每秒摆动 1 次	
每秒摆动 2 次	

分　析

  1. 步骤 2 的第一部分中波高与步骤 2 的第二部分中波高的比较结果怎样？

  2. 步骤 3 中的波长与步骤 4 中的波长的比较结果怎样？

3. 据你观察,能量增加如何影响波的振幅?
4. 据你观察,频率增加如何影响波长?

实验中将会发生什么?

波的幅度和形状是由波传的能量和能量脉冲的频率决定的。当你轻轻摆动绳子末端时,波高就很小。这是因为用于摆动绳子的能量很小。能量增加则波高和振幅就会增加。一个波的振幅越大则传递的能量就越大。

一个波的频率与波长成反比关系。换句话说,频率越高,则产生的波长越短。当一个波的频率增加时,波的传播速度是不变的。正因为存在这样的关系,频率增加则会被波长减小所平衡。当你每秒摆动2次绳子的时候,你就增加了运动频率。绳子上的波也就随之变短了。

实验结果

1. 步骤2中的波高比步骤1中的波高大。
2. 步骤4中的波比步骤3中的波更密集。
3. 增加能量则会增加波的振幅。
4. 增加频率则会减小波长。

声波的本质

光波、水波,甚至"人浪"都是科学家称为"横波"的例子。对于一个横波来说,振动方向与波传播方向垂直。换句话说,当绳子上下运动时,波则从一端向另一端运动。声波则不同。声波属于"纵波"。对于纵波来说,振动方向与波的运动方向相同。在"实验3 制造纵波"中,你与一位伙伴可以使用一根曲线丰富的弹簧来发现纵波的传播方式。

实验 3　制造纵波

题　目

纵波运动与横波运动有怎样的不同？

简　介

当声波从振动的物体传出，声波穿过的媒质也会产生振动。因为这些振动的方向与声波传播的方向相同，所以科学家把它叫作纵波。这与光波不同，光波是横波。在一个横波中，粒子振动方向与波传播方向成直角。像横波一样，纵波的频率、振幅和波长也可以发生变化。由于振动方向与波传播方向相同，所以纵波看起来很不一样。在下列实验中，你将使用一种特殊弹簧来演示声波的形成，以此来发现声波运动与横波运动有什么不同。

实验时间

45 分钟

实验材料

- 曲线丰富的弹簧或 2 米长的螺旋电话线
- 光滑地板上的一处约 3 米长的无障碍区域

● 助手

安全提示

请仔细阅读并遵守本书"实验前必读"中的"安全准则"。

实验步骤

1. 坐或跪卧在地板上,手持弹簧或螺旋电话线的一端。让你的伙伴握住另一端,坐在或跪卧在离你大约 2.5 米远的地方(图 1)。让弹簧自然放置在地板上。弹簧螺旋应该轻轻拉伸而不是挤压在一起。

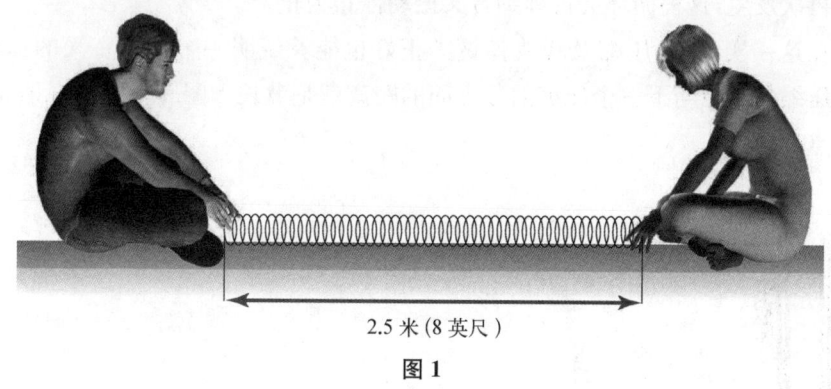

2.5 米(8 英尺)

图 1

2. 告诉伙伴握紧弹簧,然后猛地向左摆一下。观察弹簧运动。
3. 让弹簧停止运动,将它再次摆放笔直。握住弹簧末端,用拇指和食指夹紧 5 圈弹簧,使它们在你这一端挤压在一起。握住弹簧末端不动,然后放开被挤压的 5 圈弹簧,观察弹簧的运动情况。将其同步骤 2 中的弹簧运动比较。
4. 重复步骤 3,但是这次夹住 10 圈弹簧并释放。观察弹簧运动并将其同步骤 3 中的弹簧运动相比较。

分 析

1. 当你摆动弹簧时,波向哪个方向传播?这是哪种波?

实验 3 制造纵波

2. 在步骤 3 中，当你夹紧 5 圈弹簧并释放时，弹簧如何运动？与步骤 2 中的弹簧运动比较结果如何？

3. 步骤 3 中的弹簧运动与步骤 1 中的弹簧运动比较结果如何？你对波的什么特性作了改变？

实验中将会发生什么？

当诸如音叉这类物体在空气中振动时，那种运动能量则会以一系列纵波形式向各个方向传播出去。如果你敲击一下音叉，则叉齿就开始振动，结果就产生了声波。当叉齿运动时，它们就推动了周围的空气，结果使空气分子产生挤压。这种向外的推动就是我们知道的"压缩"。当叉齿一起往回运动时，周围的空气分子又开始分散。这种反向运动则叫作"稀疏"。当叉齿再一次向外运动时，压缩就再次发生，这种循环会持续到音叉振动停止为止。

在这一实验中，压缩及释放弹簧圈正好也能够说明一个振动音叉的运动。一个压缩的起点与下一个压缩的起点间的距离就是波长。图 2 就能很好地说明这一点。

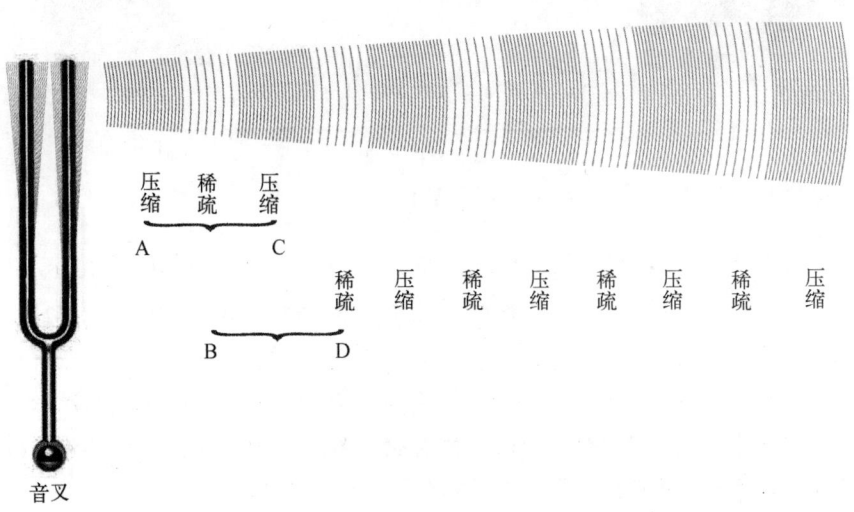

图 2

实验结果

1. 当摆动弹簧时，波则沿着弹簧的长度来回传播。这一运动是横波。
2. 当弹簧圈被压缩和释放时，运动沿着弹簧长度进行。这一运动是纵波。
3. 当更多的弹簧圈被压缩和释放时，波沿着弹簧传播得更远，因为它有更多的能量。这个波的振幅也更大。

波反射

如果你有过站在海边或大湖边的经历，你就很可能注意到了，当波浪撞击到水边的物体时，它们并未停下。在某些情况下，这些波会反弹或反射。水波并非是唯一遇到物体可以反射的波。当你照镜子时，你看到自己的映像，你看到的这个像是一个双反射的结果。从你脸部反射的光波碰到镜子后又反射回到你这里。声波也可以反射。当你听到回声时，你就是听到了由远处物体反射回来并在瞬间撞击耳鼓的声波。在"实验4 反射的声波"中，你将会验证从不同物体表面反射回来的声波，从而发现物体表面是如何影响乐声的。

实验4　反射的声波

题　目

反射的声波如何有助于改变乐器的发声？

简　介

当乐器发声时,声波四处传播。有时候,这些声波遇到某一物体表面发生反射而引起方向改变。经过许多年的探索,科学家们已经发现,通过改变反射面的大小、形状和构成,他们就能够改变身旁演奏的乐器声音。这一点在音乐厅和剧院尤其重要。在下面这个实验中,你将验证反射面的形状和其构成材料如何能够影响一个乐器的发声。

实验时间

45 分钟

实验材料

- 大约 100 厘米×60 厘米的矩形硬纸板、招贴板或橡木板
- 足以盖上硬纸板的毛巾
- 便携式收音机、磁带播放机或其他带有扬声器的设备

- 米尺
- 大桌子
- 安静的房间
- 助手

安全提示

请仔细阅读并遵守本书"实验前必读"中的"安全准则"。

实验步骤

1. 把音乐设备放置在桌子上,然后打开,音量适度调低。调整该设备使其扬声器背对着你。站在该设备后约 1 米处,听一听声音有多大。

2. 保持站在同一个位置不动。让你的伙伴到桌子的另一边去与你相对而立。让你的伙伴拿着那张大的硬纸板并将其直立在离音乐设备后约 30 厘米的地方。扬声器应该正对着硬纸板,像图 1 那样。听一听放置硬纸板之后的音乐设备的声音,再与没放置硬纸板时听到的声音相比较。让你的伙伴连续做几次放置和拿掉硬纸板动作,这样你就能够听出任何的声音不同。

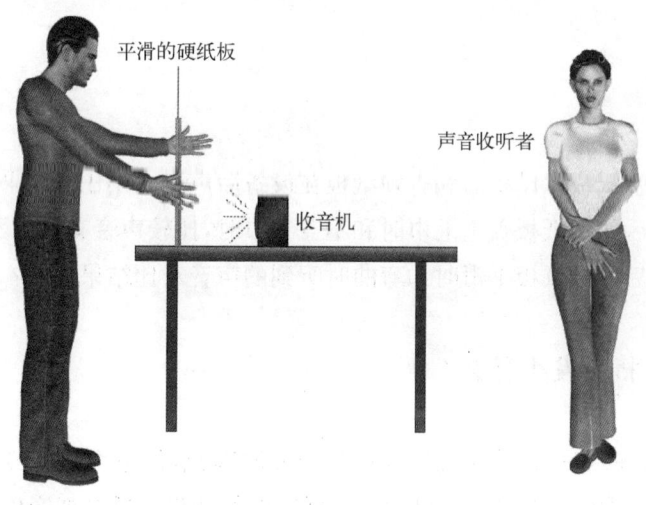

图 1

实验 4 反射的声波

3. 重复步骤 2。但这次,让你的伙伴用毛巾盖住硬纸板的前面。音乐设备应该正对着毛巾。让你的伙伴做几次在硬纸板上放置和拿掉毛巾的动作。将不盖毛巾听到的声音与盖毛巾后听到的声音作比较。

4. 让你的伙伴从硬纸板上拿掉毛巾。重复步骤 2。这次,让你的伙伴小心地把硬纸板的边缘向你的方向弯曲(图 2),使硬纸板成弯曲状。将硬纸板弯曲后听到的声音同硬纸板平滑状态下听到的声音相比较。让你的伙伴连续做几次弯曲和弄直硬纸板的动作,这样你就可以对声音进行对比了。

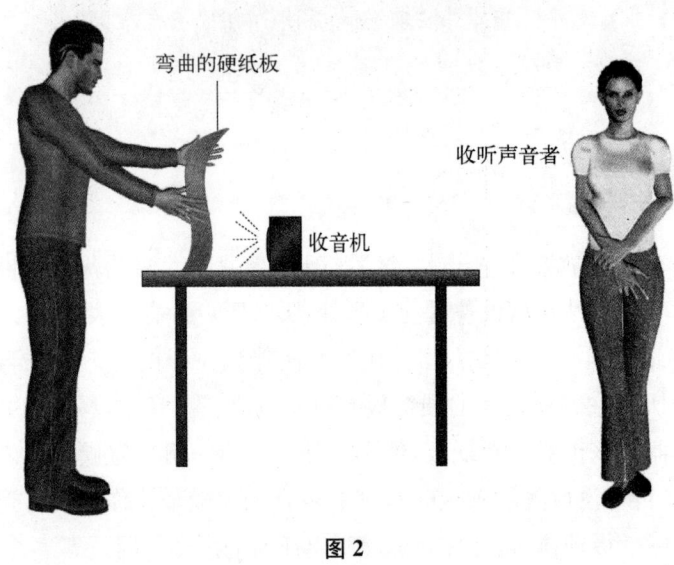

图 2

分 析

1. 没有硬纸板在设备后和有硬纸板在设备后声音大小比较结果如何?
2. 设备后的硬纸板盖上毛巾时和不盖毛巾时,比较声音有什么不同?
3. 设备后的硬纸板平滑时和弯曲时听到的声音对比结果如何?

实验中将会发生什么?

如果你曾经去过音乐厅或见过户外壳型演奏台,你很可能已经注意到了它们的结构与通常的建筑结构设计得不一样。它们的设计旨在把音乐直接投射给观众。在通常情况下,当一个音乐家发出一个音符时,声波会向各个方向传播。当这些声波传播的时候,它们往往会失去能量。你离音乐家越远,听到的声音就越小。为了使从舞台传来的声音最大化,音乐厅通常使用某些材料和设计元素把更多的声波反射给观众。在多数音乐厅里,靠近舞台的天花板和对面的墙壁都是由较硬的材料建成,如木材或石膏。这些材料往往比柔软的材料对声波反射效果好。这刚好说明在你的实验中覆盖毛巾的硬纸板比未覆盖毛巾的硬纸板反射声音弱的原因。

除了使用硬质材料外,音响工程师还需要考虑声波在反射面上反射后传播的角度问题。通过使舞台后方墙面和上方天花板成曲面,声波便可以集中传向台前的观众。这就是在你的实验中出现曲面硬纸板比平滑硬纸板产生更大声音的原因。这一设计特点尤其应用于户外乐队舞台壳式造型。这也恰能说明为什么世界著名建筑澳大利亚悉尼歌剧院有那样一个与众不同的造型。

实验结果

1. 设备后面放置硬纸板后音乐声变大。
2. 硬纸板盖上毛巾后,音乐声比未盖毛巾时变弱。
3. 弯曲硬纸板后,声音比硬纸板平滑时更大。

振幅与响度

在"实验 2 振动速度与幅度对波有怎样影响"中,你发现用较大力量或能量摆动绳子时怎样产生了更大的波。能够表现出波所带能量的是振幅。一个波的振幅越大,它具有的能量也就越大。对于声波来说,振幅直接与声音的音量或响度有关。振幅较大的声波则产生较大的声音。振幅较小的声波则产生较弱的声音。

当音乐家演奏乐器时,控制发出的声波的振幅是非常关键的。音乐家对于乐器的声音大小施以不同程度的控制。许多情况下,乐器自身就能控制其演奏时的音量。在"实验 5 控制乐器音量"中,你将会验证哪些因素控制着一件普通打击乐器产生的声波振幅。

实验 5　控制乐器音量

题　目

哪些因素控制着乐器的音量？

简　介

有几个因素控制着一件乐器的音量。声音是一种机械能,所以改变施加于乐器上的能量大小便会影响乐器的音量。但是,只靠能量并非总能控制一个音符的音量(振幅)。有些乐器本来就是大嗓门,而另外一些则是轻柔型。在下列实验中,你将会验证哪些因素有助于控制打击乐器的音量。打击乐器就是指那些通过敲击来演奏的乐器。

实验时间

45 分钟

实验材料

- 大木勺或鼓槌
- 大的金属盆或锅
- 小的金属盆或锅

- 一端被剪掉的小空金属咖啡罐
- 1个30厘米的圆形气球
- 尺子
- 2根粗的橡皮筋
- 剪刀
- 20粒生大米

安全提示

请仔细阅读并遵守本书"实验前必读"中的"安全准则"。

实验步骤

1. 用剪刀剪去气球吹气口这端,你就得到一张曲面橡胶膜。将这张橡胶膜张开覆盖在咖啡罐上,并用橡皮筋箍紧咖啡罐上沿部以确保气球牢固。咖啡罐应该如图1所示。

图 1

2. 放约10粒大米在气球橡胶膜上。用手指轻轻敲击气球,观察米粒的情形。然后再稍用力敲击,注意不要把橡胶击破。再观察这次米粒的变化。

3. 将咖啡罐放在一张牢固的桌子上。再将小金属盆置于其侧,保持其上缘离咖啡罐距离15厘米。使用木勺或鼓槌轻轻敲击金属盆边缘并聆听其发出的声音。在敲击盆缘时,注意观察咖啡罐上米粒的情况。

4. 重复步骤3，但需更用力敲击金属盆。要确保盆与罐的距离仍为15厘米，注意不要因敲击而使盆罐碰撞。听一听金属盆发出的音量变化，并观察米粒情形。

5. 再重复一次步骤3和步骤4，但这次使用较大的那个金属盆。让金属盆上缘距离咖啡罐15厘米。听一听这次音量，并观察咖啡罐上的米粒变化。

分 析

1. 当用手指敲击气球时，咖啡罐上的米粒发生了什么？再用力敲击又发生了什么？为什么？

2. 当轻轻敲击小金属盆的时候，咖啡罐上的米粒发生了什么？再稍用力敲击又会发生什么？为什么？

3. 当敲击大金属盆的时候，咖啡罐上的米粒发生了什么？与小金属盆的情况比较，结果如何？

4. 根据实验结果，哪两个因素控制着敲击乐器的音量？

实验中将会发生什么？

乐器发声方式各有不同。对于诸如吉他和钢琴这类乐器来说，是靠振动弦来发声。像竖笛这类木管乐器都有一个振动的苇膜。像小号这类铜管乐器，是靠音乐家振动的双唇来发声的。像鼓和钟这类打击乐器，振动来自被击打物体的表面。对于多数乐器来说，为振动而施加的能量越大声音也会越大，声波的振幅也会越大。一根吉他的弦用力拨动要比轻轻拨动发出更大的声音。对于吹奏乐器来说，演奏者吹奏的力量越大，音符的声音越大。在打击乐器中，这一点很容易观察。对于同一个鼓来说，用力敲击要比轻微敲击产生出更大的声音。增加振动的能量会产生更大的声音，这是因为能量的增加意味着振动的物体带动更多的空气。带动的空气量越大，声波的振幅就越大，发出的声音也就越大。

有些乐器音量存在极限，无论对其施加多大能量。打击乐器三角铁听起来总是轻柔的，无论你用多大力气敲击都是如此。短笛永远没有小号声音大，无论演奏者怎样用力。这种现象发生是因为这些乐器很小，带动不了大量的空气。大的乐器往往发出大的声音，因为它们在振动时可以带动大量的空气。也正因如此，锣和大号就很难轻柔地演奏。

就是这些乐器的演奏引起了大量空气的运动，从而发出大的声音。

实验结果

1. 当你用手指敲击咖啡罐上的气球时，米粒由于气球振动而上下跳跃。用力敲击则使米粒跳跃更高，因为能量更大。

2. 敲击金属盆会引起咖啡罐上米粒振动。金属盆产生的声波通过空气传播到气球表面，使其运动。轻敲金属盆引起的米粒振动就小，用力敲击金属盆引起的米粒振动就大，因为声波也大。

3. 敲击大的金属盆引起的米粒振动比敲击小的金属盆引起的米粒振动要大。大的金属盆产生的声音也大。

4. 敲击乐器的音量受到敲击力量大小和振动面大小的控制。

频率与音高

音符有两个特性。正如我们刚刚看到的那样，声波的振幅决定着声音的音量，而声波本身由振动物体产生。音符的另一个重要构成就是音高。音高与投掷棒球没有关系（"音高"的英语单词是"pitch"，而这一词在英语里还有"投球"的意思——译者注）。它是衡量音符高低的。音高是由振动的频率决定。在"实验 6 振动速度如何影响音高"中，你将验证空气振动的速度如何影响其产生音符的音高。

实验6　振动速度如何影响音高

| 题　目 |

振动速度如何影响音高？

| 简　介 |

当一个物体在空气中振动时,它就会产生声音。这些振动以声波即脉冲能量的形式在空气中传播。声波的频率能够说明单个的空气粒子来回振动的频率。音高是一种描述某个声音高低的方法。短笛能发出一个较高音高的声音,而大号发出声音的音高却较低。在下列实验中,你将验证振动频率的变化如何影响音高。

实验时间

30分钟

实验材料

- 3米长的绳子（晾衣绳就可以）
- 防护眼镜或护目镜
- 一块干净、开阔的空间

- 塑料尺
- 桌子或类似的结实平面

安全提示

确保在旋转绳时,附近没有易碎品和无关人员。请仔细阅读并遵守本书"实验前必读"中的"安全准则"。

实验步骤

1. 握住绳子的一端,并在上面打上 3—4 个结。戴上安全眼镜,站在一块空地的中间。要确认你周围 3 米之内没有人员和物体。

2. 一只手牢牢抓住没有绳结的一端。开始在头上慢慢地旋转另一端。按图 1 的样子做。当你旋转绳子的时候听一听绳子发出的声音。

图 1

3. 慢慢增加旋转绳子的速度。随着速度的增加,听一听绳子发出的声音变化。然后再逐渐慢下来,直到绳子停止。听一听随着绳子旋转减慢声音有哪些变化。

4. 放下绳子,取来尺子。将尺子放在桌子上,使其一半伸出桌沿一半在桌上。用一只手压住尺子,另一只手拨动伸出的部分使其上下振动。请按(图2)的方式去做。

5. 观察尺子振动的速度,聆听尺子发出的声音。当你再一次拨动尺子时,先把尺子向桌子里滑动一些,使得振动部分变短。听一下这次发出的声音,观察振动速度发生的变化。

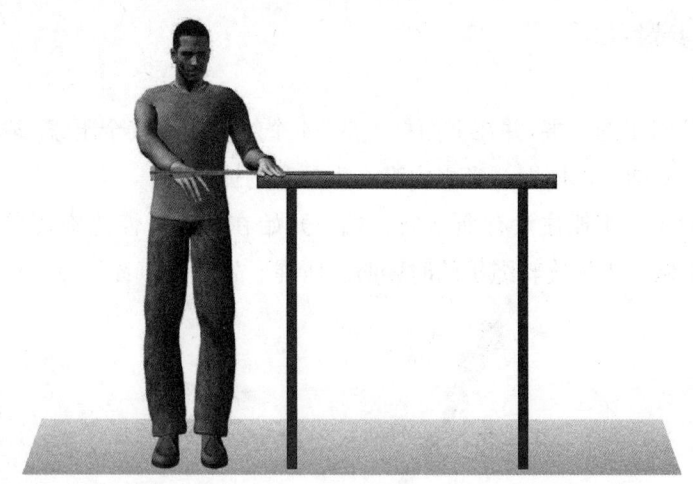

图 2

分 析

1. 当你增加绳子的旋转速度时,振动频率发生了什么变化?

2. 当你增加绳子的旋转速度时,音高发生了什么变化?当你降低速度时,音高又发生了什么变化?

3. 当你使尺子振动部分变短时,尺子的振动频率有什么变化?这一点是怎样影响尺子发出声音的音高的?

4. 根据你的观察,振动频率与音高之间是什么关系?

实验中将会发生什么？

随着声音频率的增加，音高也随之变高。当声波频率增加时，振动产生的波就变短。这一点可以通过振动尺子的实验得以验证。当尺子振动部分的长度降低时，尺子上下运动的距离就变短，音高则变高了。

实验结果

1. 旋转绳子加快使得振动频率增加。
2. 当绳子运动加快时，音高升高。当绳子运动减慢时，音高降低。
3. 当尺子变短时，振动的频率增加，音高变高。
4. 振动的频率越大，音高越高。

音乐声

到现在为止，我们已经了解了声音如何产生、如何传播以及声波的不同方面如何使我们听到不同声音等基本知识。通过控制声音的振幅和音高，音乐家能够创造出大量的不同声音，也就是我们听到的音符。知晓了声波如何传播和反射，设计师就能够制造发出不同声音的乐器。

从下面开始，我们探讨声学是如何应用在乐器上的。我们还可以了解音乐家是如何利用不同的声音创作出悦耳曲调的。在了解当代音乐创作方式之前，我们要回顾一下历史，看一看我们称之为音乐的这种艺术形式是怎么起源的。

早期音乐创作者

音乐并非当代发明。它是人类很长时间以来一直在实践着的东西。只是我们不知道是多长时间,因为追溯到旧石器时代或石器时代,人们还没有书面语言。没有记录告诉我们当时的人们是否演奏乐器。而且,最早的乐器看起来一点也不像我们今天的乐器。最早的乐器就像那时的工具和武器,都是由木材、石头和兽骨制造而成的简单物体。实际上,最早的乐器也许就是被改造成可以发出某些声音的工具和武器。

动物模仿者

许多科学家认为,在人类真正制造乐器之前,他们很有可能利用身体不同部位来制造音乐,就像其他动物那样。唱歌、有节奏地吟咏、吹口哨和击掌可以不需要借用其他物体就能实现。在人类开始创造自己的音乐之前,他们也许通过模仿动物鸣叫开始了他们的音乐发明。许多动物(包括鸟、狼、鲸鱼和昆虫)都用声音交流。一些动物的鸣叫也许听起来像是混乱的噪音,但是还有一些动物的鸣叫却有曲调和节奏。利用口部的发声,早期人类可能会模仿动物的鸣叫,把他们自己的变化加进动物的鸣叫来创造人类自己的歌声。在"实验 7 用嘴部控制音高"中,你将会验证口型的改变会产生许多不同的声音,而这些声音可以转变为简单的歌曲。

实验 7　用嘴部控制音高

题目

口型如何控制音高？

简介

像许多其他动物一样，人类能够使用嘴发出各种可以变成音乐的声音。在下面的实验中你将会发现，如何通过改变口型和舌位来制造音符。

实验时间

30 分钟

实验材料

- 你的嘴
- 一面镜子

安全提示

请仔细阅读并遵守本书"实验前必读"中的"安全准则"。

实验步骤

1. 舌尖轻轻点击口腔腭部以便发出咔嚓声。尝试改变口型,看一看你能发出多少种不同的咔嚓声。

2. 照着镜子观察在发出高音咔嚓声和低音咔嚓声时自己的口型。看看是否能够发现口型与咔嚓声之间的关系。将所有的观察结果记录在数据表中。

3. 现在,试试吹口哨。闭上双唇吹气,直到发出口哨声为止。练习一下吹不同的音符。

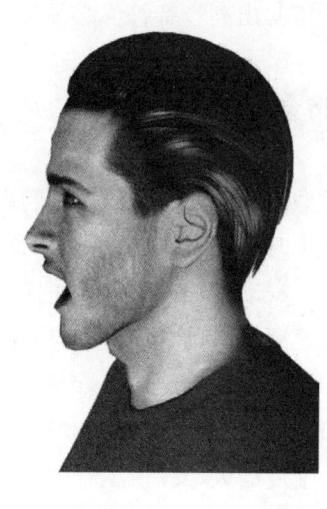

图1

4. 吹高音音符和低音音符时,照着镜子观察自己双唇的形状。看一看是否能够发现唇型与口哨音符的音高之间的关系。

数 据 表

声 音	口型或唇型
低音咔嚓声	
高音咔嚓声	

续表

声　　音	口型或唇型
低音口哨	
高音口哨	

分　析

1. 如何改变口型来发出高音或低音的咔嚓声？
2. 当你吹口哨时，嘴的哪个部分产生了振动？
3. 要用口哨吹出高音音符你必须怎么做？

实验中将会发生什么？

口型或唇型的改变使你发出不同的声音，这是因为它们控制着空气的运动。当你发出咔嚓声时，你的舌尖使你的口腔腭部像鼓面一样振动。这些振动又引起口腔内的空气振动。当你张嘴并把口型拉宽时，口腔内气体空间变小变窄。这会引起振动速度加快，产生高音。当你闭嘴并使口型变圆时，口腔内的空气容量增加。这会引起振动速度减慢，产生低音。

当你吹口哨时，引起发声的振动来自振动的双唇。你张开口型的大小决定着空气的振动速度的大小。口型开得越小，空气的运动速度越快，这也使得双唇振动得越快。振动的速度越快，产生的声音越高。

实验结果

1. 当口型是圆的时，发出低音咔嚓声。当口型拉宽时，则产生高音咔嚓声。
2. 吹口哨时，双唇在振动。
3. 当双唇张开的空隙很小时，会产生高音口哨。

唱一支简单的歌曲

当你的口哨吹出曲调时,是你的口型和唇型使你能够控制音符的音高。但是,如果谈到哼唱,情况则更复杂一些。你的口型仍然起着非常重要的作用,但音符却来自一个不同部位。在"实验 8 控制声带"中,你将会发现你的喉部是如何运动使你能够唱出很多音符的。

实验8　控制声带

题　目

怎样控制声带使你发出不同的音符？

简　介

人类的大部分语音是由一个复杂结构所控制，它位于咽喉的地方。在咽喉的内部有叫作声带的纤维膜。声带不仅能让我们说话，而且还使我们能够唱歌、吟咏和哼唱复杂的歌曲。

咽喉如同嗓子中间一个中空的管子。它与气管上部相连。当我们呼吸的时候，空气通过喉部进入肺部。

咽喉是一个软骨结构，由纤维膜和肌肉结合在一起。前面一套软骨构成了一个结块，这在一些人的喉部前面能够看到。这个结块我们叫作喉结。在咽喉的中间部分，有左、右成对并张开的喉头黏膜皱襞，称声带，左、右黏膜皱襞之间的纵裂隙称声门裂。声带与声带肌相连并由其控制着张开、关闭、伸展和收紧。在此实验中，你将会发现如何通过收放这些肌肉和改变口型来发出一系列音符。

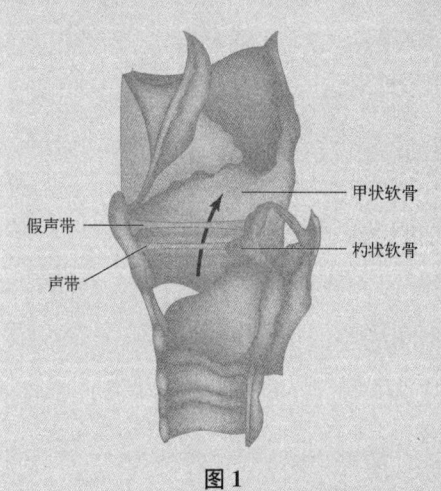

图1

实验时间

30 分钟

实验材料

- 你的口部、喉部和手指
- 镜子

> **安全提示**
>
> 请仔细阅读并遵守本书"实验前必读"中的"安全准则"。

实验步骤

1. 放一只手在腹部,使其刚好在胸腔之下。将另一只手的两个手指轻轻地放在喉结上。哼唱一个低沉、平缓的音符。记录下喉部和腹部的感觉。

2. 照一下镜子,确保能看见面部和颈部。把手放在相同位置,哼唱。逐渐提升哼唱音符的音高。记录下音符升高时手指的感觉和看到的喉部状况。

3. 接着该是小唱实验了。重复步骤2,但这次不是哼唱,而是唱一个简单的音阶。从一个低音符开始。你可以利用标准音符(do—re—mi—fa—so—la—ti—do),或自己编造的音符。观察歌唱每个音符时的口型,记录下看到的结果。

4. 重复步骤3。这次,在唱同一音阶时保持口型张大。记录下看到的结果。

分 析

1. 把手指放在喉部哼唱时,你感觉到了什么?
2. 当哼唱的音符从低音到高音变化时,喉部肌肉是什么感觉?
3. 在唱音阶时,随着音符改变口型发生了什么变化?

实验 8 控制声带

4. 当保持口型张开时,唱不同音符的能力有什么变化?

实验中将会发生什么?

当你哼唱不同音符时,你的声带发生振动并发出声音。当气流从肺部并通过气管冲出时便发生声带振动和发声。横膈膜——胸腔与腹腔间隔肌——将气流从肺部缩压出来。当你唱歌或说话时,你应该能够感觉到膈肌的运动。当气流冲击声带时它们就开始振动。你可以把声带看成是拉伸的橡皮筋儿。它们拉得越紧,振动得就越快,而且产生的音调也越高。当你哼唱或用力唱一个音阶时,随着声带的拉伸,你实际上可以感觉到喉部肌肉在绷紧。

最初振动是由声带产生的,但具体声音或音符却是在口、唇和舌帮助下形成的。当你改变口型时,声音通过的口中气流量也发生变化。当口型保持一个姿势时,就很难唱出不同的音符。

实验结果

1. 当手指放在喉部哼唱时,你会感觉到手指上的嗡鸣。这是声带振动。
2. 随着音高从低到高的变化,喉部肌肉越发绷紧。在这种情况下,你的声带也在拉紧。
3. 当你唱不同音符时,你的口型在发生变化。
4. 如果试图在保持口型张开的情况下唱一个音阶,那么音符的发声就不会很清晰。

早期乐器

关于最早的乐器是什么样子和什么时候出现的,科学家们仍然没有一致的认识。一些科学家认为,最早的真正乐器不是特别久远的产物,可以追溯到6万年前。另外一些科学家则认为,在人类使用简单工具时就使用了某种形式的乐器。如果真是这样,音乐就可以远远追溯到200万年前!很难明确一个时间,因为许多乐器不可能保存下来。而且,许多乐器很可能还有其他用途,因此也很难确认其为乐器。今天研究考古遗址的科学家常会很难判断一些物体是用来制造乐器的还是只用来做工具的。

　　虽然我们不能确定，但许多历史学家认为最早的乐器很可能是打击乐器。人们通过敲击、抖动或摩擦来演奏打击乐器。这些打击乐器类似当代的鼓、锣和钹。不难想象当时人们如何制造这些乐器。当人们使用石块或兽骨制成的榔头来敲碎坚果时，他们很可能注意到不同的材料发出不同的声音。如果这些声音引起了他们的兴趣，他们就很有可能收集某些物体并用它们做成原始的非膜质打击乐器。一个非膜质打击乐器是一种整个表面振动时发出声音的乐器。在"实验 9 梆子"中，你将会发现像一块木头这样简单的东西如何变成一个乐器。

实验 9 梆子

> **题 目**
>
> 敲击一块木头时,它是如何控制发出的声音的?
>
> **简 介**
>
> 当把钉子钉入木板,或用斧子劈砍树枝时,人们知道只要撞击木头它就会发声。有些木块发出清脆的响声,有些发出闷响。有几个因素控制着木块发出的声音类型。在下列实验中,你将验证一块木块是如何影响其发出的声音。

实验时间

60 分钟

实验材料

- 锤子
- 锯
- 带有 5 毫米钻头的电钻
- 手套

- 护目镜或安全眼镜
- 卷尺或直尺
- 铅笔
- 横截面约 5 厘米×10 厘米，长约 60 厘米的木块
- 装满水的桶或盆
- 砖或石块
- 3 根大头的钉子
- 长约 1 米的结实细绳
- 剪刀

安全提示

此实验需要在成年人监护下进行。确保你及周围的人在实验准备过程中戴上防护镜和工作手套。请仔细阅读并遵守本书"实验前必读"中的"安全准则"。

实验步骤

1. 在成人帮助下，将约 5×10 厘米的木块割成 3 段。每段应该刚好 15 厘米长。在切割木材时，戴上手套和安全镜。

2. 在每段木块的一端钉入 1 根钉子，但要保持钉子露出部分大约为 2 厘米。把其中一段放在一边。将其中另一段放入装水的桶里，并用砖或石块置于其上以便其完全浸于水中。让其在水中吸收至少 45 分钟。

请一个成年人在第三段木块上钻 15—20 个孔。钻孔时下面垫上一小片木块，以防备钻坏桌子。

3. 45 分钟后，取出水桶里的木头。将细

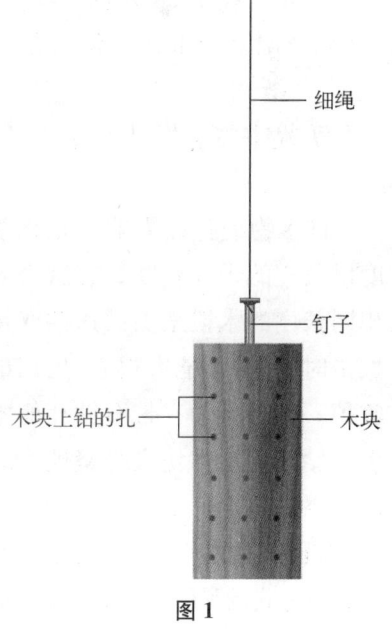

图 1

绳平均剪为 3 段,在每段木块的钉子上系一段细绳。手握细绳提起每段木块,看一看系得是否牢固。

4. 用细绳提起没有钻孔的木块,使其悬于空中。用锤子的木柄轻轻敲击几下这段木块,并听其发出的声音。

5. 按步骤 4 对其他两段木块做同样实验。比较这 3 段木块发出的声音。在数据表上记录下观测的结果。根据你的观测,思考一下,是哪些物理特性在影响着木块的发声。

数 据 表

木 块 条 件	发出声音类型
未钻孔的干木块	
钻孔的干木块	
钻孔的湿木块	

分 析

1. 3 块木头发出的声音一样吗？如果不同,是怎样的不同呢？
2. 为什么需要使用同一块 5 厘米×10 厘米的木块来分段呢？
3. 为什么敲击这些木块时,一定要将它们悬吊起来呢？

实验中将会发生什么？

许多物理特性影响木块的发声。这些特性包括木材的种类、整体的密度以及它的干燥程度。在这个实验中,通过选择同一块木材并将其切割成相同长度的木段来测试这些变量因素。浸在水桶中的木块达到水饱和。当敲击时,其振动能力很差,发出的声音沉闷。这是因为木材细胞中的水分吸收掉一部分振动。带有钻孔的木块具有气流通道,这也降低了其振动能力。没有钻孔的干木块全身坚硬,而且几乎没有湿气。这说明它才是最好的声波传播介质。

通过反复实验,早期人类很可能也有同样的发现。他们也许不知道每块木头发声方式的科学解释,但也许他们很快就知晓了选择某些特定木头会发出某些特定的声音。

实验结果

1. 每块木头发出不同声音。没有钻孔的干木块发出了低而尖锐的声音。湿木块发出低而沉闷的声音。带有钻孔的干木块发出浊音，但比其他两个木块发出的音高要高一点儿。

2. 所有木块必须来自同一块材料，这样在实验中才能使你确定是木块上的钻孔还是木块中的水改变了声音。

3. 木块必须悬吊起来，目的是为了在敲击时它们可以自由振动。

管乐曲

打击乐器很有可能是人类最早制造的乐器，但管乐器很有可能也不比它迟多少。在大自然中，吹动树枝和杂草的风会发出很多声音。

人们很有可能会对这些加以模仿。风吹刮空洞很可能启发人们制造了原始长笛或其他管乐器。

考古学家关于管乐器出现的年代还在争论。已经确认的最早管乐器有大约3.6万年历史，是在德国的Geissenklosterle遗址发现的。那是一个简单的骨笛，是由天鹅的翅骨做成的。这根长笛上钻有一些孔，可以使人演奏出不同的音符。

1995年，来自斯洛文尼亚的古生物学家伊恩·特克(Ian Turk)在一个大约4.3万年前穴居人的山洞里发现了一件手工艺品。特克声称这也是一根长笛。这根长笛是由一只山洞熊的骨头制成，而且沿着一侧排列着4个笛孔。一些科学家认为这是一件乐器。而另外一些科学家认为这不过是一个人吃剩下的残骨，上面的孔洞也不过是人牙齿留下的痕迹。对此可能无法断言，但有一点是肯定的，很久以来人们一直在制作和演奏管乐器。在"实验10 管长对音高的影响"中，你将会利用现代材料制作一个最古老的管乐器。

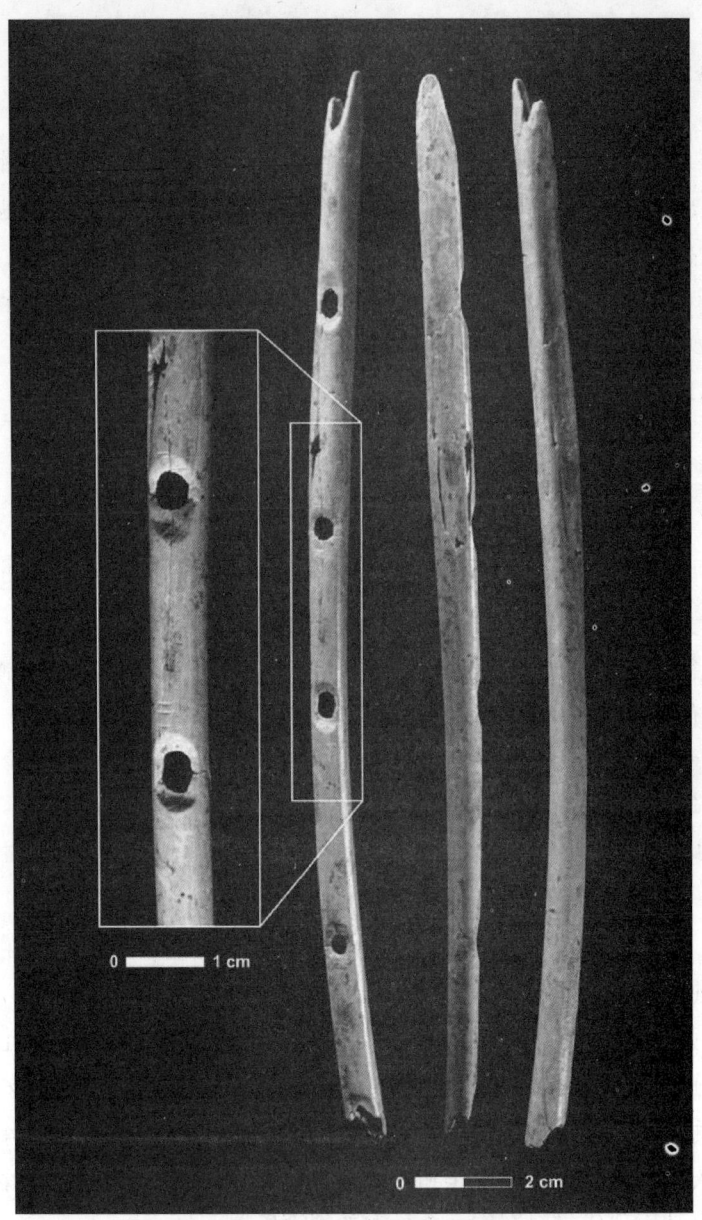

到目前为止,发现的最早管乐器是带有 5 个指孔的兽骨长笛(图中是从不同角度看到的画面)。据信,此乐器出自旧石器时代,乐器末端处也有两个 V 型凹口,很可能是为人吹奏这一乐器设计的。

实验 10　管长对音高的影响

题　目

管长如何影响音高？

简　介

最简单的长笛不过是一根中空的管子,在开口一端吹奏。与吹汽水瓶子的瓶口相似。早期的管乐器是由中空的木头、芦苇、陶泥甚至石头制成。排箫是由捆绑在一起不同长度的管子构成。这种乐器已经使用 2 000 多年了。在世界各地都能发现排箫的影子。现代排箫在今天的南美还在用于演奏秘鲁的传统音乐。

在下列实验中,你将利用吸管制作一套简单的排箫,来验证管长和音高之间的关系。

实验时间

45 分钟

实验材料

- 3根相同的塑料吸管
- 剪刀
- 直尺
- 一卷透明胶带

安全提示

请仔细阅读并遵守本书"实验前必读"中的"安全准则"。

实验步骤

1. 将一根吸管的一端放在下唇上。手持吸管中部,向开口处吹气使其发出声响。想象你在吹一个瓶口。按照图1的样子做。

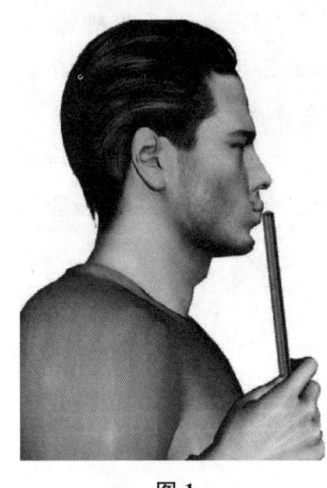

图1

2. 重复步骤1,但这次用你另一只手的拇指来阻断吸管下端。这样做几次后,比较一下吸管下端打开和阻断时吸管发出的声音。

3. 再测量一根吸管,用剪刀将其剪为平均两段。吹半根吸管的一端,比较其发出的声音与整根未阻断吸管发出的声音有何不同。用拇指阻断半根吸管的一端,再聆听一下声音。比较阻断半根吸管发出的声音与未阻断整根吸管发出的声音。

4. 再测量1根吸管,用剪刀剪出原长的1/4和3/4长度的两段吸管。分别吹2根吸管,比较它们下端未阻断时发出的声音。

5. 把这3根吸管与那根整个长度的吸管放在一个平面上。整根长吸管放在第一位,然后是3/4长度的吸管,接着是1/2长度的吸管,最后是1/4长度的吸管。将吸管排列好,让它们的顶端对齐。用胶带把它们粘贴在一起。组合在一起的管子应该如图 2 的样子。现在你就做好了一个排箫。吹奏时让排箫来回在唇部移动。

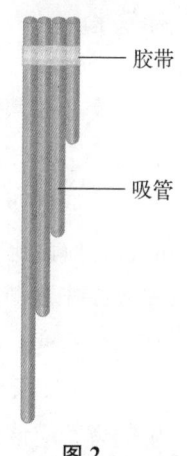

图 2

分 析

1. 吹整根长吸管时,打开和阻断下端声音会产生怎样变化?
2. 半根吸管发出的声音与整根长吸管下端打开时发出的声音比较结果如何?半根吸管下端阻断时声音如何?
3. 1/4 长度吸管发出的声音与 3/4 长度吸管发出的声音比较结果如何?这两个声音与未阻断的整根长吸管和半根长吸管发出的声音有何不同?
4. 根据你的实验结果,吸管的长度与其发出的声音之间是什么关系?
5. 为什么阻断吸管下端会引起音符的变化?

实验中将会发生什么?

当你吹箫、笛子或其他管乐器时,管内截留的空气产生声音。当气流流经管子时,就产生了一个驻波。这个波的波长是由管的长度控制的。音高是由声波的频率控制的。高频(每秒振动许多次)产生高音音符,而低频产生低音音符。管的长度增加则管内形成的驻波的波长增加。

因为较长的波以较低频率(每秒几个波长)振动,因此一个较长的管产生的音高要比一个短管产生的音高低。

对于管乐器来说,在管长和其产生的音符之间存在一种数学关系。一半长度的管子产生的音符刚好比整个长度管子产生的音符高一个八度。两倍长的管子产生的音符刚好比一倍长管子产生的音符低一个八度。在音阶上,一个八度是由 8 个音组成。一个再高八度的音是相邻的下一个音高上的同一个音。

当你吹一个通透的管子,振动的空气则存在于底端。如果你阻断管子的底端,管内的空气就只能存在于顶端。当声波在管内运动时,它只能一路运行到底端再返回到顶端。这就使得波长加倍,从而削减一半的振动频率。产生的音符要比未阻断管子产生的音符低一个八度。阻断管子底端与加倍管子长度产生同样效果。

实验结果

1. 阻断吸管发出的声音应该比未阻断吸管发出的声音低。阻断吸管产生的音符应该比未阻断吸管产生的音符低一个八度。

2. 未阻断的半长吸管产生的音符应该比未阻断的整根长吸管产生的音符高一个八度。阻断的半长吸管与未阻断的整根长吸管产生相同的音符。

3. 1/4 长度的吸管应该产生最高音符。当底端打开时，3/4 长度的吸管产生的音符应该介于整根长吸管与半根长吸管产生的音符之间。

4. 吸管越长，产生的音符越低。

5. 吸管的底端阻断会使气流返回到顶部开口处，这会产生与管长加倍同样的效果。

节 奏

直到现在，我们一直在很大程度上强调个别声音如何产生以及不同音符的音高怎样控制等问题。在我们结束对音乐起源的讨论之前，要了解的很重要一点是音乐的另一个关键因素：节奏。节奏与单个音符的产生无关。相反，它却与如何间隔音符有关。节奏控制着音乐的节拍和音符的节拍。实际上，打个节奏，你甚至不需要一件乐器。你需要做的就是拍拍手、打打响指或跺跺脚。对一些音乐家来说，节奏比音符还重要。没有节奏，音乐伴舞就没意思了，街舞和摇滚也不可能存在了。

音乐并非是唯一有节奏的东西。任何涉及间隔的东西都涉及节奏。节奏是自然界的一个重要元素。季节有节奏，潮汐也有节奏。当人们走路或跑步时也有一定的自然节奏。鸟在飞翔时，翅膀有一定节奏，鱼在游动时尾部运动也有一定的节奏规律。甚至说话时，我们的吐字也往往遵循一定的节奏。

在"实验 11 歌曲节奏与音符间隔"中，你将探索音乐节奏的基本原理，并发现节奏在任何歌曲中具有重要性的原因。

实验 11　歌曲节奏与音符间隔

题　目

一首歌曲节奏与音符间隔有什么关系？

简　介

几乎每段乐曲都有某种节奏。节奏是确定音符间隔的东西。某些音乐形式甚至没有音符构成的曲调。相反，"歌曲"就是许多不同乐器演奏的一系列节奏。在下列实验中，你将会利用一首简单歌曲的节奏变化来做实验，验证节奏变化如何影响歌曲缓急和曲调效果。

实验时间

45 分钟

实验材料

- 能够测秒的时钟
- 钢琴或电子键盘
- 修正带
- 铅笔

> **安全提示**
>
> 请仔细阅读并遵守本书"实验前必读"中的"安全准则"。

实验步骤

1. 看一看图 1 中的键盘图,图中显示的是哪些键代表哪些音符。如果你熟悉键盘,你就能辨别出音符。如果你不熟悉键盘,就使用示意图来确定你的键盘中的音符"C"。

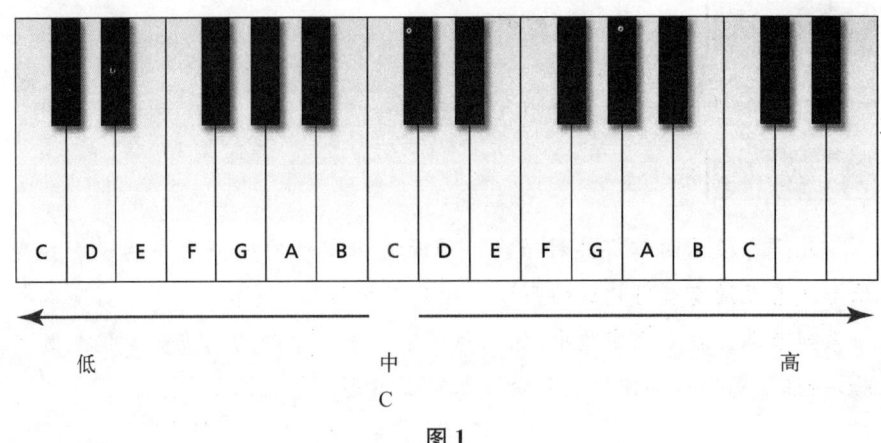

图 1

撕下一片修正带,贴在这个键上。用铅笔在上面标上"C"。现在再确定"E"音符——"C"右侧的第二个白键——并做标注。接着确定"G"音符——"E"右侧的第二个白键——并用修正带标注。

2. 试着用下列顺序演奏这些音符:C—C—E—E—G—G。多弹奏几次以便熟悉这个范例。

3. 用时钟做指导,开始每秒钟轻踏一下脚。保持这一节奏约 15 秒钟。轻踏脚的每一次计为一个节拍。

4. 再次开始每秒钟轻踏一次脚,同时按顺序弹奏音符,但每个音符给两拍。换句话说,在一个节拍上弹奏一个音符,然后等一秒钟后再弹奏下一个音符。听一下这个曲子的节奏。

5. 重复步骤 4，但当弹奏音符时，每个音符只给一拍。听一听这个曲子的节奏。

6. 重复步骤 4，但当弹奏音符时，每个间隔的同一音符给予不同数量的节拍。给予第一个"C"一拍，第二个"C"两拍，第一个"E"一拍，第二个"E"两拍，如此等等。弹奏时仔细听一听这支曲子的旋律。

7. 重复步骤 4，但这次给予每个音符不同的节拍，使节奏更随意。把这支曲子的旋律同步骤 5 和步骤 6 的旋律比较一下。

分 析

1. 当你把每个音符两拍变成每个音符一拍的时候，曲子的节奏发生了怎样的变化？

2. 当你通过改变每个音符的节拍数来改变节奏时，曲子的旋律有什么变化？

3. 当你用随意的节奏弹奏时，曲子的旋律有什么变化？

4. 根据你的观察，节奏在一支曲子中起什么作用？

实验中将会发生什么？

没有节奏，一支曲子将是无序的音符排列。听起来将奇怪杂乱。节奏决定了音符的间隔和被演奏的速度。节奏（rhythm）一词的起源很难追溯。它来自希腊词汇"rhythmos"，相应的它又和词汇"rhein"相关，这个词的意思是"流淌"。节奏控制着音符的流动。一个音乐节奏可以分成两部分。首先是节拍，也就是音符遵循的实际方式。节拍说明的是音符怎样演奏及音符间的间隔。单个音符可以保持任何多个节拍，包括分节拍。节奏的第二个部分是曲速，这是总体的速度。曲速决定了音符演奏的速度。通过控制曲调的节拍和曲速，一个音乐家能够利用同样的一套音符，而使其成为听起来像很不一样的曲子。

实验结果

1. 当你把每个音符的节拍从 2 个缩减为 1 个的时候，曲速增加。

2. 当你改变音符间的节拍数量时，音乐听起来很不一样，虽然音符和顺序都没变。

3. 当你用随意的节奏演奏一串音符时,就很难说这是一支曲子。
4. 在音乐中,节奏既控制着曲速也控制着音符间的时间间隔。

数学与音乐

此时,你很可能已经注意到在音乐与数学之间有很多联系。你已经知道改变振动频率和声波波长会如何影响一个音符的音高,同时也了解一根管子的长度会如何影响振动的频率。通过改变节奏的实验,你又发现音符的间隔如同音符演奏本身一样重要。随着我们实验的继续,你还将发现许多数学与音乐紧密相连的方面。因为我们主要强调音乐科学,所以将不会对数学给予太多的讨论。但数学是"科学的语言",所以二者又几乎无法分开。下个单元重点介绍历史上伟大数学家之一,讲述他的关于音乐的思想如何对几千年来的音乐演奏方法产生重大影响。

弦乐器

前两个单元介绍了一些声音的基本科学知识和音乐的早期发展。现在我们要缩小焦点集中学习一类乐器：弦乐器。弦乐器是靠振动弦产生声音的乐器。根据弦与乐器连接方式和弦被拨动的方式，弦乐器可以分为5类。

里拉琴就是一种最简单的弦乐器。两横梁之间张弦，横梁又由两臂支撑。里拉琴在古埃及很常见，最早出现在5 000年前。竖琴与里拉琴大约出现在同一个时期。它与里拉琴相似，但是琴弦在支架间斜向排列而不是垂直方向。如今，里拉琴主要用作仪式乐器，而竖琴却仍然在许多管弦乐队中使用。

在鲁特琴家族中每个乐器都有一个上面带弦的曲颈。每个乐器还有一个横梁以保持琴弦在琴体之上。这样就可以使琴弦振动得更自由。原始鲁特琴可以追溯到几千年前，但这一家族的其他成员在今天相当流行。鲁特琴家族中的现代成员包括小提琴、大提琴和吉他。如果没有鲁特琴的发展，许多种音乐（从莫扎特的弦乐交响曲到金属乐队（Metallica）的重金属乐）都不可能出现。

最复杂的一种弦乐器是齐特琴（相当于中国的古筝——译者注）。在这种乐器上，琴弦贯穿整个琴身长度而且彼此平行排列。并有横梁支撑琴弦以利其振动自如。

根据设计，齐特琴可以拨弦演奏或者用木槌敲击演奏。许多齐特琴已经改进为具有拨动琴弦的键盘装置。这些改进乐器包括大键琴以及最常见的一种齐特琴：钢琴。

最简单和最古老的弦乐器是弓琴。弓琴通常是木制，马尾毛作弦张于两端

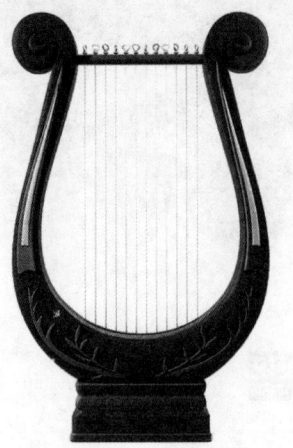 

里拉琴(左图)是最简单的弦乐器,而齐特琴(右图)是最复杂的弦乐器。一个里拉琴由琴弦张于两横梁之间,并由两臂支撑;齐特琴由弦纵贯共鸣板全长。里拉琴在演奏时常常竖握,而齐特琴演奏时却平置于演奏者膝上或桌子上。

之间,也用于小提琴家族乐器的演奏。在"实验 12 振动弦上的张力"中,你将制作一个弓琴并观察弦上张力的改变如何影响一个音符音高的变化。

实验 12　振动弦上的张力

题　目

振动弦上的张力如何控制着其产生音符的音高？

简　介

长时间以来，人们已经制作出许多不同的弦乐器。大多历史学家认为，最早的弦乐器就是简单的弓。这可以追溯到几千年前，很可能源于人们狩猎用的弓箭。在当今，弓的主要功能是用来演奏其他弦乐器，如小提琴和大提琴。旧时的弓琴已经在世界上许多地方被发现，包括亚洲和美洲。今天，在非洲一些地区仍有弓琴的演奏。弓琴经过长期演化已具有声音放大装置。在下列实验中，你将演奏一个简单的弓琴并观察它如何产生音符。

实验时间

30 分钟

实验材料

- 米尺或 1 米长×2 厘米宽×0.5 厘米厚的木条

- 直尺
- 带有 0.5 厘米钻头的电钻
- 安全眼镜或护目镜
- 1 卷风筝绳或包装绳
- 剪刀

安全提示

此实验在成年人监护下进行。确保在钻木时你及周围人佩戴护目镜。请仔细阅读并遵守本书"实验前必读"中的"安全准则"。

实验步骤

1. 许多米尺在两端有孔,如果你的尺子也有孔,跳过这一步骤。如果不是这样,请一个成人帮忙在你的尺子两端各钻一个孔。每个孔应该距离端点大概 2 厘米。

2. 将弦从一个孔穿过,拉出 10 厘米长。将这部分弦绕着尺端几圈然后系牢,要保证弦牢固(见图 1)。

3. 将弦展开并沿木尺拉伸直到另一端。在超出尺端 15 厘米处将弦剪断。将剪断的弦穿过这端的孔,确保弦在木尺的同一侧。轻轻地弯曲木尺,使其呈现弓形。像在另一端做的那样把弦系在尺端。完成的弓应该如图 1 那样。

4. 用手指拨动弓弦,倾听声音。一定注意,在拨动弓弦时不要弯弓。

5. 缩压弓的两端,再拨动弓弦。观察弦张力变化。比较此时的声音与步骤 4 中的声音。

6. 接着,轻轻地向外拉弓的两端。观察弦的张力变化。拨动弓弦,比较这次与步骤 4 和步骤 5 中的声音。

7. 通过改变弓的绷紧程度,看一看你能演奏多少不同的音符。如果心情好,试一试你能否弹奏出点儿曲调呢。

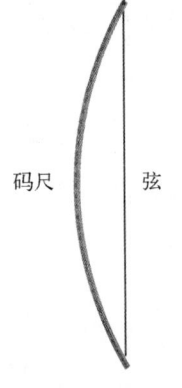

图 1

分析

1. 弓琴是靠什么发声的？
2. 当你缩压弓的两端时弦的张力有什么变化？弓的声音又有什么不同？
3. 当你向外拉弓的两端时弓的张力有什么变化？声音有何变化？
4. 根据你的实验,关于振动弦与张力之间的关系你能得出什么结论？

实验中将会发生什么？

当拨动一个弦乐器的琴弦时,弦就会振动并发出声音。有几个因素影响着琴弦发出音符的音高。琴弦的张力就是最重要的一个。当琴弦绷紧时,它振动得要比琴弦松弛时快。琴弦越紧,沿弦波的运动越快。这使得其产生的声波频率增加。较高频率的声波产生较高音高的声音,所以琴弦越紧,音符越高。对于弓琴来说,向外拉弓的两端等于增加弓弦的张力,音符的音高也就变高。缩压弓的两端就是在减小张力,结果使弦振动变慢。在吉他和小提琴上有调音弦轴,就是用来绷紧和松弛琴弦的。

实验结果

1. 声音是由振动的弓弦产生的。
2. 当弓的两端被缩压时,弦变松,音变低。
3. 当弓的两端被外拉时,弦变紧,音变高。
4. 对于弦乐器来说,琴弦越紧,音符越高。

毕达格拉斯(Pythagoras)和他的弦理论

如果你曾经仔细观察过吉他和小提琴,或打开过钢琴顶盖,你很有可能注意到了弦的长度不同。弦的长度有助于确定其演奏的音符。最早的真正理解振动弦长度与其音高之间关系的人之一是希腊数学家毕达格拉斯。在"实验13 八度与音程"中,你将会验证改变弦的长度如何影响音高。在这个过程中,你将把毕达格拉斯的弦理论应用到实验上。

实验 13　八度与音程

题 目

振动弦的长度如何影响其发出的音符音高?

简 介

在音乐中存在着许多数学关系,但是希腊数学家毕达哥拉斯在2500年前发现了其中最重要的一项关系。生于约公元前580年的毕达哥拉斯对数学作出了很多贡献,包括他著名的勾股定理。毕达哥拉斯认为,自然界中万物都有可以用数学关系来描述的规律,因此他用了大半生时间来研究这些关系。

据传说,毕达哥拉斯曾观察一个铁匠在砧石上打铁。他发现,每次锤子击打在砧石上都发出清脆的声音。当铁匠更换大小不同的铁锤时,声音也发生改变。人们推测这个事件激发了毕达哥拉斯要寻找一个数学法则来解释音符的音高与乐器大小之间的关系。他开始用不同长度的弦做实验,并最终发现了一个统领音乐2 000多年的基本定则。在下列实验中,你将制作一个简单的齐特琴,以便验证毕达哥拉斯的理论。

实验时间

30分钟

实验材料

- 60厘米长×15厘米宽×2厘米厚大而平的木板
- 2个木螺丝钉，每个约4厘米长
- 与木螺丝钉帽相配的螺丝刀
- 米尺
- 铅笔
- 1卷细绳
- 剪刀
- 钢琴或电动键盘

安全提示

请仔细阅读并遵守本书"实验前必读"中的"安全准则"。

实验步骤

1. 用米尺和铅笔在木板中间标出相隔40厘米的2个点。在每个铅笔标记点上放1个螺丝钉，并用螺丝刀将其拧牢。注意保持每个螺丝钉露出木板约2厘米。

2. 将细绳的一端绕系在一个螺丝钉上。确保系结牢固。这个螺丝钉就是接线柱。沿着木板拉紧细绳，并缠绕在另一个螺丝钉上。量出超过该螺丝钉10厘米长度的多余细绳然后剪断。把细绳这端系在这个螺丝钉上，要确保两个螺丝钉之间的细绳尽可能地拉紧。这第二个螺丝钉就是调音弦轴。你的齐特琴现在做好了。它的样子应该如图1所示。

3. 拨动几下琴弦。它应该振动自如，不应该碰击木板。按顺时针（拧入木板方向）慢慢转动调音弦轴螺丝钉到半圈。拨动弦，听一下声音，然后再松一下这个螺丝钉。转动该螺丝钉直到你听到了清晰的音符，然后在键盘上找到这个音符。

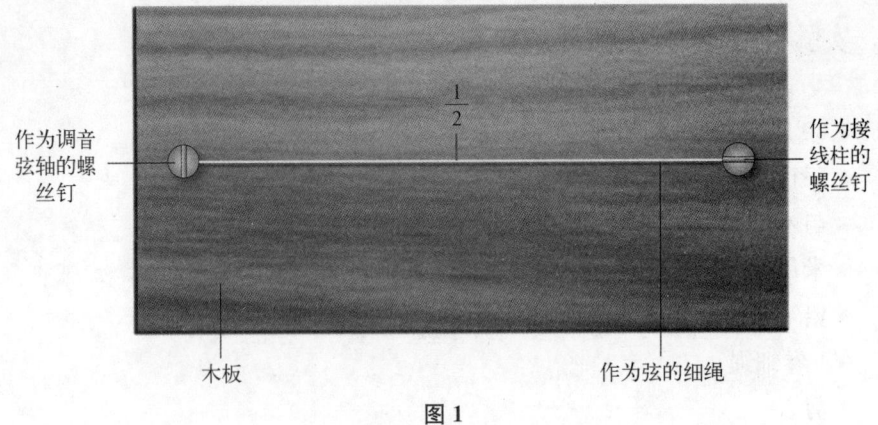

图 1

4. 在离调音弦轴 2 厘米的地方用铅笔下压琴弦,让弦向木板方向绷紧。这样做的同时,开始拨动琴弦。慢慢地沿着琴弦向另一个螺丝钉方向滑动铅笔。在滑动铅笔同时,仔细聆听琴弦发出的音高。

5. 用米尺量出两个螺丝钉间的中点,并用铅笔做上标记。这个点应该离调音弦轴约 20 厘米。在中点处下压铅笔,使之紧紧地抵在木板上。拨动琴弦,听一下音符,并在键盘上找到它。松开琴弦,再拨动,在键盘上找到这个音符。

6. 用米尺测出中点与调音弦轴之间的中间点。这一点应该离调音弦轴约 10 厘米。在这一点上下压铅笔,拨动较长部分的弦,在键盘上找到这个音符。

分 析

1. 当你把铅笔从弦的一端滑向另一端时,弦的音高发生了什么变化?
2. 整弦发出的音符与半弦发出的音符对比如何?
3. 整弦发出的音符与 3/4 弦发出的音符对比如何?
4. 根据你的观察结果,振动弦的长度与其发出的音高有何关系?

实验中将会发生什么?

在做了许多实验之后,毕达格拉斯发现:张力相同的振动弦在弦长不同情况下会发出不同音高的音符。例如,把弦减到一半,在不改变弦上张力的情况下产生的音符将比整弦产生的音符高出 8 个音符,或一个"八度"高。一个八度音阶在西方音乐中非常重要,因为它代表着音符自我重复的那个点。换句话说,如果你弹奏一个"C"音符,那么比这个音符高一个八度的音符还是一个"C"音符,同理比这个音符低一个八度的音符也是"C"音符。

但是,毕达格拉斯没有停留在八度问题上。他还发现,如果你把弦缩短到原来琴弦的2/3,琴弦将会产生比原来音符高出5个音符的音符。一个5个音符的编组也是人们熟知的"五度"。一根弦缩短到原长的3/4,它会产生一个比原来音符高出4个音符的音符。这被称为"四度"。这些音程代表着和谐悦耳的自然频率。结果,西方音乐创作者使用这些频率创造出和声并将它们融合在一起创作出和弦。

像竖琴和钢琴这类带弦的乐器有几十根不同的弦来发出不同的音符。吉他和小提琴用少量的弦也可以演奏同样多的音符。产生的音符是通过将琴弦压在琴颈上缩短振动弦长度来实现的。这种技巧叫作换把,这和你用铅笔把琴弦抵在木板上的做法是一个道理。当琴颈上嵌有标志具体音符位置的小条块时,换把就容易多了。在吉他的琴颈上,这些条块称为"品丝"。

实验结果

1. 当你用铅笔沿弦滑动时,音符的音高变得更高。
2. 半弦产生的音符应该是一个八度,或者比整弦产生的音符高8个音符。
3. 3/4弦产生的音符应该比整长弦产生的音符高约4个音符。
4. 当振动弦变短时,其产生音符的音高则变高。

音阶:音乐中更多的数学

正如前面讨论的那样,数学家在音乐中起了重要作用。另外一个数学起重要作用的方面就是音阶的概念。在音乐中,音阶一词通常指从一个到下一个音符的逐渐进程。当你唱"do—re—mi—fa—so—la—ti—do!"时,你就是在唱一个音阶。

当你拨动小提琴的琴弦时,琴弦就会以某个特定频率振动。这个频率叫作"基频"。就像我们刚看到的那样,如果你还用那根弦并把它分成两半,那么琴弦发出的音符就比原来高八度或8个音符。如果你测量半弦产生的声波频率,你就会发现它是整弦频率的两倍。换句话说,一根弦减少一半,频率则增加一倍。

因为小提琴的构造设计特点,演奏时可以沿着琴颈在任何一点"换把"。这样就使音乐家可以演奏出无数的音符。但是,在钢琴上,可发出的频率数量是被琴键所限制的。如果你从钢琴中央"C"开始,并提高一个音符到"D",则"D"的频率会刚好比"C"的频率高 1.059 46 倍。如果你按顺序弹奏包括黑键的每一个键,频率将按每个键 1.059 46 倍增加。如果你按一个全倍频程去数钢琴键数目(包括黑键和白键),则音阶上没有 8 个音符,但有 12 个音符。导致这一情况的原因与紧邻的两键频率之间的数学关系有关。每当你到达下一个八度的第一个音符时,这时的频率就会增加一倍,这种模式再次开始。

弦的粗细对音符的影响

到目前为止,我们了解了如何通过改变振动弦的张力或长度来改变它的音高。除了验证这些关系外,毕达格拉斯和他的追随者们又有了一个发现。他们发现弦的粗度在产生音符方面也起一定的作用。在"实验 14 振动橡皮筋的声音"中,你可以通过使用橡皮筋做的简单弦乐器来发现这一关系。

实验 14　振动橡皮筋的声音

题　目

一根振动弦的粗度如何影响其音符的音高？

简　介

如果你曾仔细看过吉他和钢琴的内部，你很可能已经注意到了弦的粗度不一样。有些粗，有些细。实践证明，弦的粗度在控制音符的音高方面起着重要作用。在下列实验中，你将会用振动的橡皮筋作为振动弦来验证这一关系。

实验时间

30 分钟

实验材料

- 1 个鞋盒盖子
- 30 厘米直尺
- 长铅笔
- 橡皮筋 A：2 毫米粗或宽，9—10 厘米长

- 橡皮筋 B：3 毫米粗或宽，9—10 厘米长

安全提示

注意不要过度拉伸橡皮筋，因为有可能突然断裂。请仔细阅读并遵守本书"实验前必读"中的"安全准则"。

实验步骤

1. 把鞋盒盖子平放在桌子上，开口向上。拉伸两条橡皮筋缠绕鞋盒，并保持两者之间 10 厘米的间距（如图 1 所示）。要确保橡皮筋均匀拉伸缠绕在鞋盒上；如果一段比另一段紧的话，实验结果就不准确了。

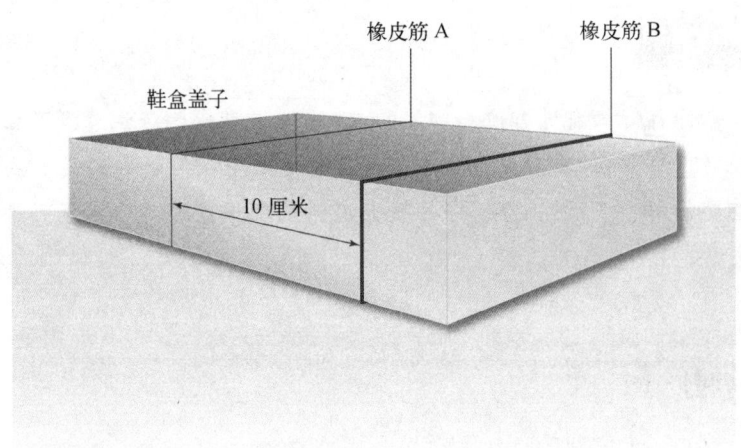

图 1

2. 试弹几次橡皮筋，以确保它们自由振动。转动一下鞋盒，用直尺从盒的顶部分别沿着两条橡皮筋向下量出 4 厘米的两点，用铅笔做上标记。接着同样再量出距顶部 8 厘米的点，用铅笔也做好标记。

3. 将铅笔塞在两条橡皮筋下，让它停在你刚做过的 4 厘米标记处。放完铅笔后，要确保两条橡皮筋上的张力均匀。弹一弹细橡皮筋（A），听一听它发出的声音。再弹一弹粗橡皮筋（B），听一听它发出的声音。比较一下这两个声音。

4. 把铅笔向下移动到 8 厘米标记处，重复步骤 3。

分 析

1. 在实验之前，为什么两条橡皮筋的张力必须一致？
2. 为什么要保持两条橡皮筋下的铅笔位置离盒顶部的距离一致？
3. 在两个位置，橡皮筋 A 与橡皮筋 B 发出的声音对比如何？
4. 根据你的观察结果，橡皮筋的粗度与发出音符的音高有什么关系？

实验中将会发生什么？

再回到公元前 6 世纪，当时古希腊数学家毕达格拉斯对于振动弦与音高或音符的关系非常感兴趣。在做了大量实验之后，他确定了有 3 个因素控制着弦的音高。第一个是弦的张力或绷紧程度。弦绷得越紧，产生的音符就越高。第二个因素是弦长。弦越短，产生的音符就越高。在第三个因素上，他发现，如果两条弦有着相同的长度和张力，则较细的弦发出较高的音符。

第三个因素与两弦的相对质量有关。如果你称量长度相同、构成材料相同的粗弦和细弦，你就会发现粗弦总是重些。一个物体质量越大，它往往振动得越慢。一个音符的音高取决于振动的频率，或者说取决于一根弦每秒钟来回运动的次数。因为一个较重的弦比一个较轻的弦振动得慢，那么粗弦就会发出较低的音符。如果你把低音吉他与普通吉他相比，你会发现低音吉他的弦不仅长而且也粗很多。这就是低音吉他比普通吉他发出更低音符的原因。

实验结果

1. 因为皮筋的张力也可以影响音高，因此，为了验证粗度效果，每条皮筋上的张力必须相同。
2. 因为铅笔影响皮筋振动部分的长度，而长度又影响音高，所以，为了验证粗度效果，两条皮筋长度必须相等。
3. 在两次实验中，皮筋 A 产生的音符都比皮筋 B 产生的音符高。
4. 如果两条弦的长度和张力相同，则粗弦比细弦产生的音符低。

共 振

在以上3个实验中,我们了解了一根弦的音高会随着它的长度、张力和粗度的变化而变化。当一根弦振动时,它是以某一个称为"共振频率"的自然频率在振动。这个频率控制着音符的音高。弦并非是唯一的有共振频率的物体。鼓、管乐器,甚至桥梁和建筑都有共振频率。它们往往很自然地以这些频率振动。如果说到制作乐器,共振频率则有助于控制声音的质量。在"实验15 共振与乐器"中,你将制作一个简单的"共鸣器"来探查这些自然频率是如何被应用的。

实验 15　共振与乐器

题　目

什么是共振？它如何影响乐器发声？

简　介

你也许看到或听到过一个情景——一个唱歌的人竭力唱某个音而震碎水晶葡萄酒杯子。虽然有时这只是报道，但一个歌手震碎玻璃杯的能力并非神话。因为声波携带能量，所以它们可以被用来使物体运动。有些时候，它们可以造成破坏性后果。用声音击碎玻璃杯的关键是一种叫作"共振"的东西。当一个物体的振动引起另一个物体振动时，共振就发生了。要想发生共振现象，该声波必须具有和第二个物体共振频率相同的音高。在下列实验中，你将利用一个咖啡罐和一个键盘来验证共振现象。

实验时间

45分钟

实验材料

- 钢琴或电子键盘

- 无盖的小空咖啡罐
- 1个30厘米的圆气球
- 直尺
- 2根大的橡皮筋
- 剪刀
- 20粒生大米
- 1卷修正带

安全提示

请仔细阅读并遵守本书"实验前必读"中的"安全准则"。

实验步骤

1. 将气球吹嘴部分剪掉,你就有了一张曲面橡胶片。张开橡胶片覆盖在咖啡罐开口的一端,并用橡皮筋绕着顶部缠紧,确保位置恰当(如图1所示)。

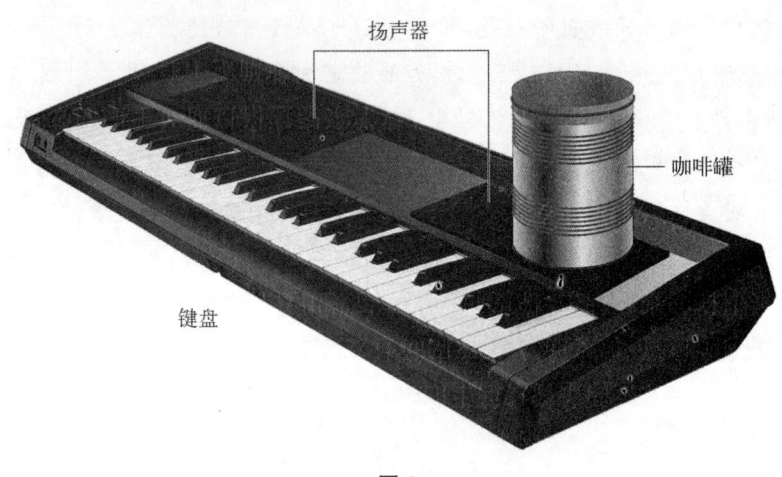

图1

2. 把咖啡罐放置于电子键盘的扬声器上面。如果键盘有乐器选择器,就把它调到风琴。再将音量调大。如果你使用的是标准的钢琴,则把咖啡罐放在钢琴上,并把钢琴盖子上的其他物体拿走。

3. 在气球上放置 10 粒大米。在键盘上(左侧)演奏最低音符。保持该键 3 秒钟,观察咖啡罐上米粒的情况。如果米粒在罐上上下跳动,则撕下一片修正带并贴在你刚刚演奏过的那个键上。

4. 演奏过第一个音符后,对每一个键重复步骤 3,将撕下的修正带贴在任何一个使米粒振动的键上。一直这样做,到弹奏了 20 个音符为止。观察每次弹奏音符时咖啡罐上的米粒情况。

5. 在你测试了 20 个音符之后,选择一个使米粒振动最厉害的音符。再弹奏一次那个音符,并聆听其音高。用嗓音唱出或哼唱那个音符。练习几次之后,试一试对着带有米粒的那个咖啡罐唱。把咖啡罐放在桌子上,使其距离你的口部约 15 厘米,再次唱出同一个音符。观察米粒的变化。

分 析

1. 当在键盘上演奏音符的时候,是什么令米粒在咖啡罐上振动?
2. 每个音符演奏时,米粒的表现都一样吗?
3. 该实验如何能够帮助解释一个歌剧演员用声音击碎果酒玻璃杯的原因?

实验中将会发生什么?

共振是任何原声乐器最重要的特性之一,尤其对于那些弦乐器来说。原声乐器不是靠电子设备放大的。共振使得乐器听起来更响亮。共振还使得乐器具有与众不同的声调特色。当演奏小提琴时,它的弦就产生振动,便产生声音。由于琴弦很小,振动空气量也小,因此,产生的声音很弱。你听到的琴声是由琴体共振产生的,其共振频率与琴弦频率一致。其他乐器也有共振,包括管乐器(如长笛和单簧管)、鼓和锣。

乐器上的共振很有用,但高楼和桥梁上的共振却会带来麻烦。一个最著名的工程灾难就是于 1940 年发生在美国华盛顿州的塔科马海峡大桥(Tacoma Narrows Bridge)的垮塌事件。长长的钢缆悬于高架上,承受着桥体的主跨。仅仅在大桥竣工的 4 个月后,整个桥面突然开始在风中剧烈振动。几分钟内,整个主跨坍塌。大桥坍塌并非因为风力太大,而是因为穿过钢缆的空气引起了钢缆在共振频率下的振动。

实验结果

1. 咖啡罐上的米粒振动是因为来自键盘的声波引起了咖啡罐的振动。

2. 对于每个音符的演奏，米粒振动的幅度不一样。有些音符产生了较大的振动，而另外一些则引起的振动较小。引起最大振动的音符是那些咖啡罐本身振动的频率。

3. 一个歌剧演员用声音击碎玻璃杯，是因为她唱出的刚好是玻璃杯的一个共振频率。

提高音量

到现在为止，我们对弦乐器的讨论一直只集中在如何控制音符的音高上面。在我们继续探寻下一组乐器之前，我们将研究一下这些乐器是如何控制音量的。一个乐器的音量可以通过电子手段或原声方式来提高音量。电子扩音就是指通过麦克风或类似设备接收到来自乐器的声波，并以电子脉冲形式输入一个叫作扩音器的设备中。这种方式应用在许多音乐会上，至今还不到100年。

当莫扎特在18世纪写他的交响乐的时候，电子扩音甚至也并非梦想。那个时候，音量是靠原声提高。这就意味着必须使乐器带动更多空气，产生更大振幅的声波。在上个实验中，你看到了利用振动物体的共振频率如何使得其他物体运动。在"实验16 利用共振器放大声音"中，你将会发现在不借助现代电子设备的情况下，共振是如何被用来放大弦乐器声音的。

实验 16　利用共振器放大声音

题 目

共振器是如何放大一个弦乐器的音量的？

简 介

一个乐器的最大音量受限于引起振动的空气的量。引起运动的空气分子越多，声波的振幅就越大，乐器的声音也就越响亮。设计声音够大的原声或非电子扩音的弦乐器是一个很复杂的工作。因为一根振动弦仅能接触少量的空气，所以大多弦乐器是靠共振器的手段来解决这个难题的。在下列实验中，你将制作一个简单的弦乐器，并验证不同的共振器如何控制乐器产生的声音音量。

实验时间

45 分钟

实验材料

- 4 根风筝线或包装绳，每根约 60 厘米长
- 3 个大的曲别针

- 大的 500 毫升一次性塑料杯
- 小的 250 毫升一次性塑料杯
- 大的 907 毫升干净的餐用(盛色拉或汤)容器
- 带有 5 毫米钻头的电钻，或者一把冰镐或类似的带尖头工具

安全提示

该实验需要在成年人监护下进行。确保在塑料容器底部钻孔或打孔时你和周围的人戴上护目镜。请仔细阅读并遵守本书"实验前必读"中的"安全准则"。

实验步骤

1. 请一个成年人在两个塑料杯和餐用容器的底部钻或打一个直径约 5 毫米的孔。钻孔时要小心，以免弄破塑料。钻完孔后，要清除小孔周围的塑料残渣。

2. 把一根线的一端拴上一个曲别针，并由里向外从小塑料杯的孔穿过。让整根线穿过，以便曲别针卡在杯子的底部(如图 1 所示)。对大塑料杯和餐用容器施以同样的步骤。这些做完之后，你就有了 3 个弦乐器，而且每个都有自己的共振器。

3. 两手握住剩下的那根线的两端。将线拉紧。用大拇指拨动几次。听一听当线振动时发出的声音。

4. 放下这根线，拿起与小塑料杯连接的那根线。一只手握住杯子，另一只手轻轻地拉线，直到曲别针紧贴着杯底为止。注意不要拉得太紧，否则杯子会破碎并使曲别针穿过小孔。线绷紧之后，用大拇指拨动几下，听一听线发出的声音。把这个

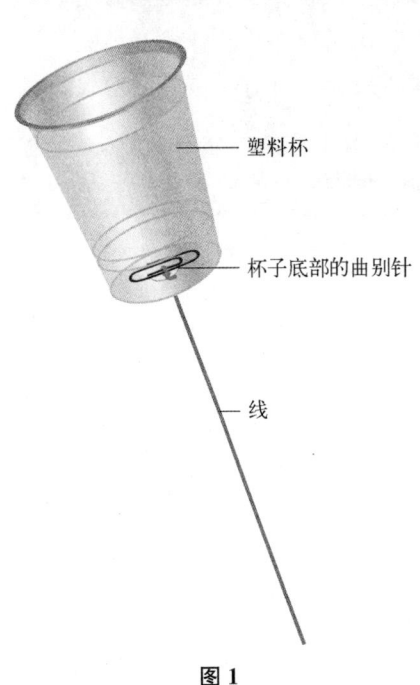

图 1

声音同单根线发出的声音进行比较。

5. 放下小塑料杯,对大塑料杯和餐用容器重复步骤 4。比较不同的线发出的声音。

分 析

1. 单根线发出声音的音量与小塑料杯连接线发出声音的音量比较结果如何?
2. 拨动时,4 根线中哪根线发出的声音最大?
3. 根据你的实验,你认为是什么因素促成了你的实验结果?
4. 根据你的实验,你认为是什么原因使得在演奏条件相同的情况下一个大提琴通常比一个小提琴发出的声音更大呢?

实验中将会发生什么?

一根振动弦就其自身来说不是实际意义上的乐器,因为它引起运动的空气量小。经过许多年的发展,乐器制造者发现,要想使声音放大必须使弦与一个称为共振器或共鸣板的设备连接。在这个实验中,3 个塑料容器起的就是共振器的作用。一个共振器只不过是一个与弦连接或"依附"的大的、结实的、有弹性的面板。当弦振动时,振动就传递给共振器,共振器就以与弦一样的频率(或音高)开始振动。像钢琴内的共振板这类共振器都有较大的共振面。这就意味着,一旦这些共振器振动,它们就会引起大量的空气运动,并使声音放大。

像原声吉他、小提琴和大提琴这类乐器的琴体本身就是共振器。这类乐器的弦通过称之为琴桥的东西与乐器顶部连接。琴桥是用来固定琴体上面弦的小东西。当弦振动时,琴桥就使振动传递到乐器的顶板,引起里面空气的振动。

然后,振动的空气通过音孔从乐器中出来。总的来说,乐器内部空气容量越大,发出的声音就越响。

实验结果

1. 单根线发出的声音比小杯子连接线发出的声音弱。
2. 餐用容器连接线发出的声音最大、最低沉。
3. 最大的容器发出最大的声音,因为它拥有的空气量最大。
4. 大提琴通常比小提琴发出的声音大,因为它的琴身大,内部空气容量大。

甜美的和刺耳的音符:弦乐器的音质

如果你曾经欣赏过管弦乐队的交响乐曲演奏,或听过几个人一起弹奏原声吉他,你也许注意到了每个乐器发出的声音是有区别的。造成这种不一样的主要原因与演奏乐器的人的天赋水平有关,当然,演奏中还有其他一些因素。正如我们在上一个实验看到的那样,乐器发出声音不仅仅是振动弦的结果。琴体的设计也起很重要的作用。两个乐器可能看起来相似,但很有可能发出的声音不同。制作乐器时所用的木材的薄厚、木材的密度、甚至胶水的多少和类型都会对乐器的共振频率产生影响。

音乐家通常把这些声音上的差别叫作音色。这无非就是指声音的质量。实际情况是,当音乐家在乐器上弹奏一个音符时,基本频率也并非我们听到的声音。根据乐器的类型,许多和声或弦外之音创造出来。这些特别的频率很难捕捉,但它们却赋予乐器某些声色或音质。实际上,在小提琴家族中,音质的不同可能意味着价格的不同,有的小提琴价值几百美元,有的却价值几百万美元。

下一步,我们要探讨管乐器中蕴含的科学。许多相同的原理,如音高、共振、音色等也同样适合于管乐器。乐器的名称也许不一样,但原理几乎如出一辙。

4 管乐器

　　管乐器的历史可以追溯到几千年以前。我们也许永远不会知道是谁第一个想到吹芦苇或海螺来发出声音,但这些早期的音乐创新者却为人类打开了通往各种乐器的大门,这些乐器涵盖从长笛和萨克斯到风笛和大号。

　　管乐器是一种通过振动气柱来发声的乐器。多数情况下,演奏者向乐器里吹气使空气运动,但也并非总是如此。手风琴和管风琴则是通过气泵、风箱或机械风箱获得吹动的气体。

　　管乐器根据引发振动的方式分成几个类型。长笛家族成员都有将气体导入乐器的某类吹口。真正的长笛包括侧吹口乐器,这些乐器在今天的乐团和管弦乐队中很常见,也包括更传统的管端吹口乐器,这种乐器你在"实验 10 管长对音高的影响"中已经制作过一个。与长笛相关的有带哨吹口的管乐器,如竖笛。在这两大类中,当气流冲击在乐器吹口锋利的边缘上就产生了空气振动。

　　簧片家族管乐器包括诸如萨克斯、单簧管、双簧管和风笛。顾名思义,所有这些乐器都是依靠单个或双个簧片引起空气振动来发声的,而且通常这些簧片置于吹口处。口琴和手风琴也利用簧片来使空气振动,但是都没有单一的吹口。

　　簧片乐器与号类乐器区别很大,号类乐器通常有杯形吹口。诸如小号、长号在吹奏时,音乐家必须使自己嘴唇振动来引起乐器内气柱振动。抛开引起气体振动的方式不谈,管乐器已经走入最受全世界乐队初建者欢迎的乐器之列。

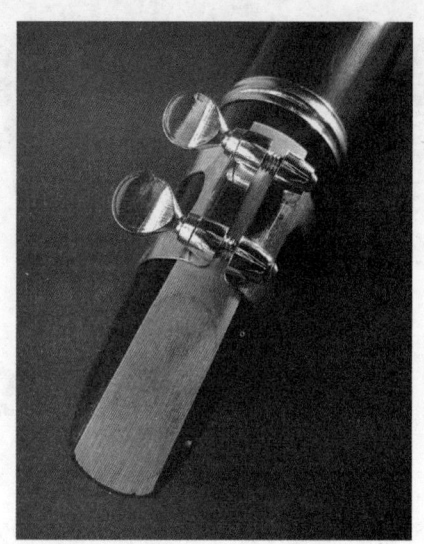

单簧管(左图)属于簧片家族里的管乐器。吹口内的簧片(右图)引起气流振动而产生声音。

控制气流

如我们在"实验10 管长对音高的影响"中发现的那样,控制管乐器音高的一个方法是控制其内部振动气柱的长度。要在排箫上吹奏不同的音符,你必须吹奏不同大小的管子。也就是说,你必须不停地来回移动乐器来使气流进入不同的管腔。实践证明,单一管腔有两种方式可以调整产生较多音符。在"实验17 控制竖笛的音高"中,你将发现一些恰当排列的指孔如何使得一支曲调富于变化。

实验 17　控制竖笛的音高

题　目

管乐器上的指孔如何控制音高？

简　介

今天校园里演奏最常见的管乐器之一是竖笛。竖琴是一种"哨笛"，最早出现在 14 世纪。像大多管乐器一样，竖笛是通过振动内部气柱产生音符的。当代音乐会使用的长笛有一个简单的吹孔，而竖笛则有一个类似哨子的吹口。

当气流进入吹口时，气流冲击在吹口锋利的边缘上而分开，进入管中的气流引起管内空气柱振动而发音。沿着乐器管体上的一系列小孔可以使得音乐家在演奏时改变音符的音高。在下列实验中，你可以检验小孔的位置排列以此确定它们如何控制乐器的音高。

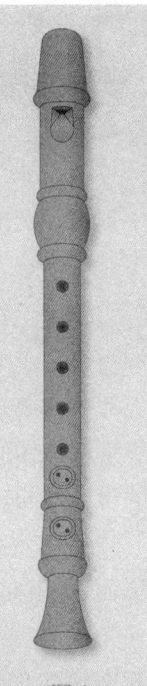

图 1

实验时间

30 分钟

实验材料

- 可更换吹口的竖笛（或直笛）
- 装满一半水的 1 升容量的汽水瓶

安全提示

请仔细阅读并遵守本书"实验前必读"中的"安全准则"。

实验步骤

1. 吹装水的玻璃瓶顶端，听一听发出的声音。将瓶中水倒出约一半后再吹瓶子顶端。发出的声音与第一次声音比较。把瓶子里的水全部倒出之后，再吹一下瓶子顶端。再比较一下这次声音与前两次声音有何不同。

2. 取下竖笛的吹口，并吹几次。注意不要用手遮盖住吹口下部。听一听发出的声音。

3. 再吹一次取下的吹口。把吹口放回到竖笛上。吹一下带有吹口的竖笛，注意别按住任何指孔。比较一下单独吹口发出的声音与所有指孔敞开的竖笛发出的声音异同。

4. 仔细观察一下竖笛。正面应该排列着 7 个指孔。旋转竖笛，看一下它的下面，也就是与 7 个指孔相对的那面。这面应该只有一个孔，供大拇指用。向竖笛里吹轻缓、均匀的气流。这样吹气的同时，做拇指孔的开合动作。注意不要按住任何其他指孔。比较一下拇指孔开合两种情况下的竖笛发出的声音。

5. 所有的指孔打开，向竖笛内吹轻缓、均匀的气流。继续吹气流，并按住拇指孔、离吹口最近的指孔、第二近指孔，然后第三个指孔。听一下每次按住指孔时竖笛发出的声音，并比较一下每次关闭指孔时的音高。

分 析

1. 当你不断从瓶子里向外倾倒水的时候,瓶子发出声音的音高有何变化?
2. 单独吹口发出的声音与所有指孔敞开的竖笛发出的声音有何不同?
3. 所有指孔敞开时竖笛发出的声音与拇指孔按住时竖笛发出的声音比较有何不同?
4. 当你吹气并沿着管体按住指孔时,竖笛的音调有哪些变化?
5. 根据你的实验,竖笛上的指孔如何表现出与盛装不同水量瓶子间的相似性的?

实验中将会发生什么?

当你吹瓶子顶端或吹竖笛或长笛时,声音是由振动的内部气柱产生的。当空气振动时,它就产生了一个驻波,其波长是由气柱的长度决定的。较长的气柱产生具有较长波长的驻波。对于声波来说,在波长和频率或者每秒波振动次数之间有着直接关系。波长越长,振动频率越低。频率控制音高。频率越低,音符则越低沉。

当你向瓶子里吹气流的时候,气柱的长度是由水的多少决定的。如果水多,气柱就短,音符的音高就高。竖笛原理一样,但是它有指孔能使吹奏者延长或缩短振动的气柱。

当你只是吹奏吹口时,气柱非常短。发出的音高很高。当竖笛与吹口连接后,气柱就变长了,音符的音高也就低了。

一些气流也从其他指孔流出,但拇指孔离吹口最近,所以它对乐器内部驻波的长度有最大的影响。

按住拇指孔会迫使气流从乐器正面的第一个指孔流出,这个指孔比拇指孔更在管的下方。这样就使得振动气柱更长,音符更低。连续按住竖笛上的每一个指孔则是在延长振动的气柱。这样就增加了驻波的长度,并降低了振动的频率,因此音符不断变低。也许你已经发现,有时候你获得的是从竖笛里发出的尖锐高音。这通常是在你吹得过猛时发生。你是在强迫更多的气流进入乐器,结果使得一些气流从吹口处返回。吹口处驻波很短,因此发出尖锐的高音。要想正确吹奏管乐器，你需要使乐器内运动的气流保持徐缓和均匀。

实验结果

1. 当瓶内水量减少时，音符的音高变低。
2. 吹组合好的竖笛发出的音符比单独吹口发出的音符要低。
3. 按住竖笛拇指孔产生的音符比敞开拇指孔产生的音符低。
4. 当按住更多指孔时，竖笛音高逐渐变低。
5. 瓶内的空气越多，音符越低。竖笛内气柱越长，音符越低。

管道的长和短

在前面的实验中，我们看到竖笛上的指孔开合如何使得音乐家能够控制吹奏音符的音高。同一过程也适用于木管乐器家族中的大多其他成员，包括单簧管、萨克斯和低音管。对于像小号这类铜管乐器来说，这个过程稍有不同。这些管乐器不是利用指孔开合，而是靠活塞。在"实验 18 长号发声"中，你将会亲手制作一个可以改变振动空气管道长度的简单活塞。

实验 18　长号发声

题　目

长号上的活塞是如何控制音符的音高的?

简　介

长号、小号、军号、大号,这些都叫作管乐器。它们都是号类家族的成员。每种乐器都有一个杯形的吹口,音乐家通过它来吹奏。对于一个诸如军号这样简单的号类乐器来说,音乐家通过改变吹气方式改变音符的音高。对于小号和大号来说,口唇的位置也用于改变音符,但是这些乐器也有控制气流的滑管。在下列实验中,你将利用一个滑管制作一个简单的定调管,并验证它如何控制音高。

实验时间

30分钟

实验材料

● 2个长度一样但直径不同的塑料吸管。每根至少1厘米粗(快餐店和便利店有饮料机出售大杯饮料,因此这里容易找到大号的吸管)。

- 小团橡皮泥
- 1卷透明胶带
- 直尺
- 剪刀

> **安全提示**
>
> 请仔细阅读并遵守本书"实验前必读"中的"安全准则"。

实验步骤

1. 并排放置2根吸管。如果1根比另1根长,则用剪刀将长管修剪成短管长度。
2. 手握粗管置于你的下唇边,吹其顶端使其发声。对细管重复同样的操作,比较两者声音的音高。
3. 重复步骤2,但是这次用手指堵住吸管下端。比较下端堵塞的吸管发声和下端敞开的吸管发声。

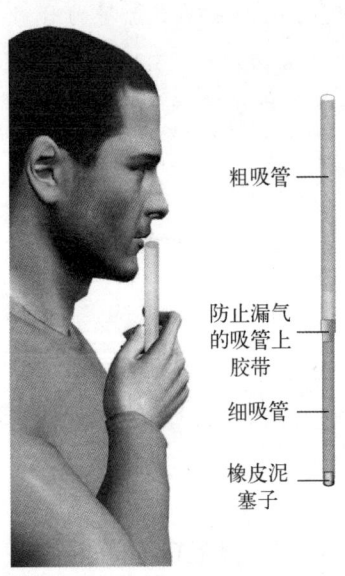

图1

4. 手握较细吸管的一端,并将其插入较粗的吸管内。细管应该与粗管管壁紧贴,但仍然可以滑进滑出。如果细管太松,就在管端缠上小块的透明胶带,以使其贴紧粗管内壁。但注意不要把细管的下口用胶带封住。

5. 把2个吸管结合起来之后,拿一小块橡皮泥塞封细吸管的管端。将细吸管缠胶带的一端向粗吸管内推进,直到只有约2厘米长露于外部。吹粗吸管的顶端,比较其发声与步骤2吸管的发声。在吹管过程中,慢慢将细吸管从粗吸管中向外拉。注意不要把它一直拉出来。在向外拉的时候,听一听吸管发出的声音,然后再一次向里推,并保持吹气。在吹气的同时保持吸管内外移动,倾听一下声音的变化。

粗吸管
防止漏气的吸管上胶带
细吸管
橡皮泥塞子

分析

1. 当你分别吹 2 个吸管的时候，它们的音高如何？
2. 当你把 2 个吸管底端塞封的时候，它们的音高有什么变化？
3. 为什么 2 个吸管间的密封很重要？
4. 当你内外推拉粗吸管内的细吸管时，音符的音高有什么变化？

实验中将会发生什么？

在管乐器中，改变音高的一个方法是改变其内部振动气柱的长度。小号或大号有改变内部气流方向的活塞。按一下活塞就可以使气流进入较长或较短的管道，从而改变振动气柱的长度。对于长号来说，活塞系统要简单得多。这种乐器上的滑管就是一个长活塞。它是一个与另一个管道连接的 U 型管。当滑管拉出时，气柱则变长。这就使得乐器内的气流振动频率较低，音符的音高也变低。如把滑管向乐器内推则效果刚好相反，这样会缩短气柱长度并提高振动频率，产生较高频率音符。你用吸管做的这个简单滑管与长号滑管工作原理相同。通过来回滑动滑管，长号吹奏者就能吹出很多音符。

实验结果

1. 虽然 2 个吸管的直径不同，但它们应该产生同样的音符。
2. 塞封每个吸管底端都会产生较低音高的音符。
3. 2 个吸管紧贴一起是保证没有空气泄露。
4. 当你向外拉细吸管时，音高变低。当你向内反推时，音高变高。

管乐器中的共振

在前面，我们已经探讨了共振不仅赋予弦乐器独特的音质，而且还在音量增强上起着重要作用。也许你已经猜到，共振也在许多管乐器中发挥功效。由于气柱在管乐器内振动，自然会引起乐器管体共振。实际上，如果没有共振，振动的簧片或双唇产生的声音几乎小得难以听到。观察管乐器中共振原理的最好方法之一是制作并演奏一个叫作迪吉里杜管（澳洲土著人的乐器——译者注）的号角。在"实验19 制作迪吉里杜管验证共振"中，你将会发现一个中空的管子如何能够使振动的双唇变成奇特的乐器。

要使迪吉里杜管发声，一个人必须在向乐器内吹气的时候振动双唇。双唇引起的振动会产生波，这些波与迪吉里杜管的自然共振频率越接近，则乐器内气流振动越剧烈。乐器会放大这些波，声音也会比单纯的双唇发声响亮。

实验 19　制作迪吉里杜管验证共振

题　目

共振如何能够使得振动双唇的发声变大?

简　介

最简单的管乐器之一来自澳洲,叫作迪吉里杜管。它看起来就像一个长长的中空木棒。根据历史学家的说法,澳洲土著人已经使用迪吉里杜管1500多年了。这些乐器在今天的一些特殊仪式上还在使用。多数传统的迪吉里杜管是由木材或竹子制成的。通常,它们取材于白蚁蛀空的桉树主干和粗枝。一个迪吉里杜管大约1.5米长。在其中一端有蜂蜡环作吹口。在下列实验中,你将利用一段PVC管制作一个迪吉里杜管,并用它来检验管乐器中共振原理。

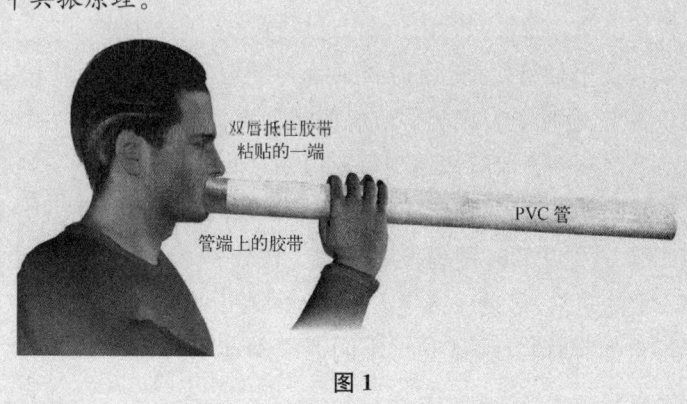

图1

实验时间

30 分钟

实验材料

- 1.5 米长的 PVC 管。直径应该约为 4 厘米（这是标准尺寸，在大多家装或管材商店可以买到）。
- 1 卷胶带
- 直尺
- 剪刀

> **安全提示**
>
> 　　如果需要切割管材，就请一个成年人帮忙。请仔细阅读并遵守本书"实验前必读"中的"安全准则"。

实验步骤

1. 剪一段约 20 厘米长的胶带，将它缠绕在 PVC 管的一端并使其超出管端约 1 厘米。将超出部分胶带向管内折贴，这样就形成了一个吹口。

2. 在吹奏迪吉里杜管之前，你需要训练一下振动双唇。刚开始，可以慢慢地从闭着的双唇吹气，使其发出类似汽艇的噗啪声。然后再稍稍用力吹，使双唇开始加快振动。比较一下双唇快速与慢速振动时的发声。

3. 将管子粘贴胶带的一端置于口部。试一试不振动双唇吹管，并听一下声音。

4. 重复步骤 3，但吹管时慢慢振动双唇。比较一下管子发出的声音与单纯双唇的发声。吹的时候，尽量保持气流稳定，不要用力过猛。

5. 在能够自如吹管之后，试一试不同速度振动双唇，看一看你能用迪吉里杜管吹出多少声音。

分 析

1. 比较慢速振动双唇与快速振动双唇时发声有何异同？
2. 当你不振动双唇吹管时发出的是什么样的声音？
3. 比较单纯振动双唇时发出的声音与吹奏迪吉里杜管振动双唇时发出的声音有哪些不同？

实验中将会发生什么？

即使看起来不太相像，迪吉里杜管也是一个小号。小号、长号、大号及迪吉里杜管统统属于同一个管乐器家族。它们都有一个杯型的吹口。为了发声，小号吹奏者必须先振动双唇。这样就能振动乐器内的气流，产生音符。通过双唇开口的控制以及吹气的强弱，就可以使双唇发出不同的音符。你的双唇振动得越快，产生的音符越高。

当振动气流进入一个迪吉里杜管或一个现代小号时，在乐器内部就产生了不同波长和频率的声波。这些波会彼此干涉，因此有些将被抵消。那些接近乐器自然共振频率的波会使乐器内部气流产生最强烈振动。结果，这些波被乐器本身放大，某些音符吹奏出的声音要比双唇单纯发出的声音响亮得多。一个富有经验的迪吉里杜管吹奏者能够使他的双唇振动与管子的共振频率一致。如果做到这一点，乐器就会发出深沉的低音。

实验结果

1. 双唇振动得越快，产生声音的音高越高。
2. 当你不振动双唇向管内吹气时，几乎没有任何声音产生。
3. 当你慢慢振动双唇吹迪吉里杜管时，产生的声音比单纯双唇发出的声音低、响亮而且深沉。

扩声的管乐器

在前面的实验中，我们观察到了管乐器体内的气柱如何有助于扩大乐器的发声。这与小提琴空体内气体利于声音扩大有类似的道理。多数管乐器往往比弦乐器声音大。这种音量上的差异部分是因为管乐器的演奏方式。当音乐家吹奏管乐器时，他是在迫使额外的气流进入乐器内部，这样就增大了声波的振幅。管乐器发出的声音大还有一个原因。在"实验20 管乐器的形状如何影响它的声音"中，你将会验证管乐器的形状如何有助于扩大声音。

实验 20　管乐器的形状如何影响它的声音

题　目

管乐器的形状如何影响它的音量？

简　介

如果你曾经仔细观察过小号、大号或萨克斯的设计，你就会注意到每种乐器的尾端都是一个叫作喇叭口的向外展开的或漏斗形的开口。这里的喇叭口并非是为了看起来美观，设计者使用这种形状制作这些乐器是为了实用目的。在下列实验中，你将制作两个不同形状的号角，并就此发现哪种形状的号角对乐器的音量影响更大。

实验时间

30 分钟

实验材料

- 带有耳塞式耳机的个人音乐播放器（iPod 或 MP3 播放器，或便携式 CD 播放器）

- 2 张 21 厘米×28 厘米的标准尺寸复印纸(或其他薄纸)
- 剪刀
- 直尺
- 透明胶带

安全提示

请仔细阅读并遵守本书"实验前必读"中的"安全准则"。

实验步骤

1. 将一张纸卷成一个直径约为 2 厘米的直筒。筒长应该是 21 厘米。用胶带固定直筒以防止其展开。根据图 1 中的方式把另一张纸折卷成锥筒状。锥筒的小开口直径约为 2 厘米,大口直径约为 8 厘米。

2. 将耳塞连接到个人播放器,音量尽可能放大。先播放一段声音水平恒定不变的曲子。手持 1 个耳塞在你前面 60 厘米处。不要把耳塞放在耳朵里。听一下耳塞传出乐曲的音量。

3. 把耳塞放入直筒的下端内,手持直筒并使其前端在你身前 60 厘米处。让直筒正对着你的脸。从一侧到一侧摆动直筒,听一听声音。比较一下从直筒中传出的声音和单纯从耳机中传出的声音。再比较一下直筒正对着你时传出的声音和直筒摆向一边时传出的声音。

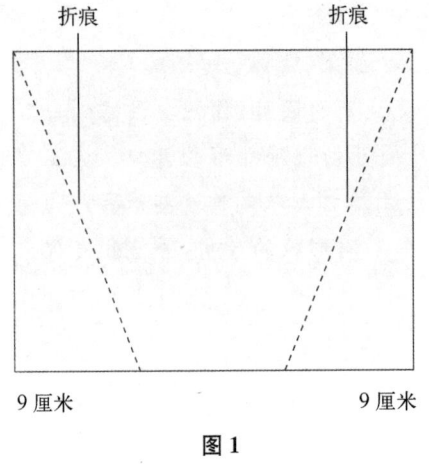

图 1

4. 用锥筒来重复步骤 3(见图 2)。将耳塞放入锥筒的小口内。手持锥筒离你脸部的距离与直筒距离相同。比较一下锥筒传出的声音和直筒传出的声音以及单纯耳机发出的声音。

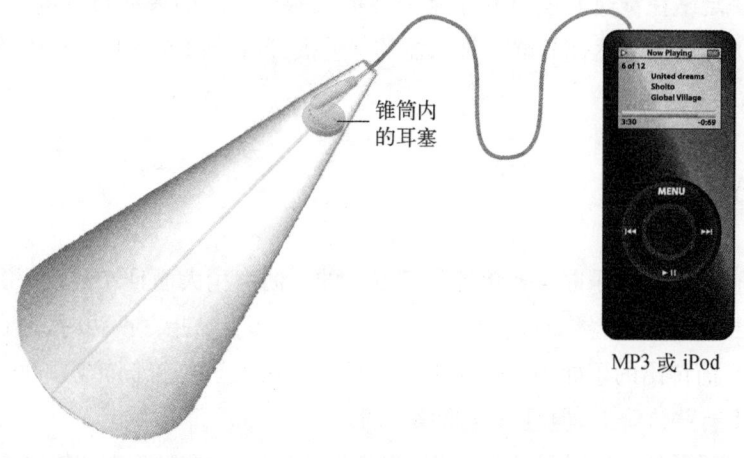

图 2

分析

1. 单纯耳塞发出的乐曲声与直筒发出的声音有何不同?
2. 当把直筒从一侧到另一侧摆动时直筒发出的乐曲声有何变化?
3. 锥筒发出的乐曲声与直筒发出的乐曲声相比有什么不同?
4. 根据这个实验,你认为管乐器下端常常拥有喇叭式开口的原因是什么?

实验中将会发生什么?

当声音从诸如耳塞这样小的扬声器中传出时,声波会向各个方向传播,因此很快耗尽能量。除非扬声器离你的耳朵很近(或在耳朵里),否则声音很弱。把耳塞置于直筒末端内就可以将声波限于筒内。这样就使得筒内空气产生运动。因为更多的声波沿着同一路径传播,所以直筒发出的声音比单纯耳塞发出的声音大。如果你双手合拢在你的嘴边并向空旷的原野大喊时,你就会获得同样的效果。问题是,你必须与该筒在一条直线上才能听到放大的声音。如果你偏离向两边,声音实际上会比单纯耳塞发出的声音还弱,因为多数声波从你侧面穿过。

当你把耳塞放入锥筒时,声音变大。像直筒一样,锥筒也是把声波拢住并向大致同一方向传播。锥筒的一端是喇叭状,这一造型就把声波向更宽范围传送。

你不必一定站在锥筒的正前方才能听到扩大的声音。如果你站得偏向一边,许多声波仍然可以到达你耳畔。管乐器的向外展开式端口或喇叭口作用就像一个扩音器。

实验结果

1. 直筒传出的乐曲声比单纯耳塞发出的乐曲声稍大而且音调较深沉。
2. 当直筒正对着你时,听到的乐曲声最大。当直筒指向两边时,声音较弱。
3. 锥筒传出的乐曲声比直筒传出的乐曲声要大。当锥筒转向不同方向时,声音水平有些许降低,但没有直筒那么弱。
4. 管乐器的向外展开式端口能够提高乐器音量,并有助于声音传递给听众。

管乐器的音质:木头与金属

在第三单元中,我们讨论了弦乐器的设计与制作如何影响其共振方式。与此相应,这对乐器总的音质也有较大影响。对于管乐器来说,同样适用于这些规律。除了乐器的大小和形状外,制作乐器的材料也对它的音色产生影响。大多数弦乐器由木材制作而成,但管乐器可能出自木材、金属、塑料,甚至兽骨和石头。实际上,管乐器根据制作材料的不同,起初被分为不同的群组。也许你已经猜到了,铜管乐器家族成员,如小号和长号都是铜做的。木管乐器——包括竖笛、萨克斯和长笛——起初都是由木材制作而成,但现在也取材于黄铜、白银甚至塑料。在"实验 21 不同材料的振动"中,你将看到不同材料如何能够影响同一音符的音质。

实验 21　不同材料的振动

| 题　目 |

一个乐器的制作材料如何影响它的音质？

| 简　介 |

如果把一个振动的物体放在一个静止物体的附近或挨着放置，那么静止物体常常也会开始振动。这一现象被科学家称作"受迫振动"。振动物体上的一些机械能被转移给了第二个物体，并令其运动。受迫振动对于许多乐器来说很重要，因为它们有助于放大声音。然而，并非所有材料的振动方式都是一样的。在下列实验中，你将利用音叉在3种材料中做受迫振动，以此来确定材料对音质的影响。

| 实验时间 |

30分钟

| 实验材料 |

- 音叉
- 木勺或鼓槌

- 2根粗的橡皮筋
- 2本大小和厚度一样的大书
- 金属烘盘(23厘米×32厘米)或大的金属盆
- 木板,约23厘米×30厘米×2厘米
- 又厚又硬的塑料板(1块塑料砧板或1个午餐盘就可以)
- 直尺

安全提示

请仔细阅读并遵守本书"实验前必读"中的"安全准则"。

实验步骤

1. 将两本书分开放在桌子或其他平面上,两书间距离保持20厘米。把木板放在两书之上,起到桥梁作用。构架如图1所示。

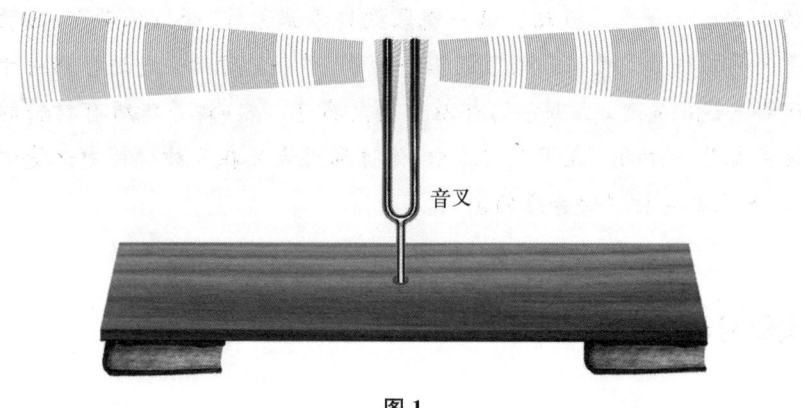

音叉

图1

2. 在木勺或鼓槌的底端部分缠绕一些橡皮筋。这就成了击打音叉的小槌(千万别用音叉敲击坚硬物体,这会弄破音叉)。手持音叉的把柄并用缠绕橡皮筋的小槌敲击叉齿。听一听声音。再敲一下音叉,并当它还在振动时让音叉的底座置于木板之上。比较一下这个声音与单纯音叉发出的声音。

3. 拿掉木板,在两书之上放上塑料板。重复步骤2,使振动的音叉接触塑料板。比较这个声音与放木板时的声音。

4. 拿掉塑料板,在两书之上放置口朝下的金属盘或金属盆。重复步骤2,比较这次的声音与放木板及塑料板时的声音。

分　析

1. 比较单纯音叉发出的声音与音叉接触木板时发出的声音有何不同?
2. 振动的塑料与振动的木板发出的声音有何不同?
3. 振动的金属与振动的木板及塑料发出的声音有何不同?
4. 每次实验中音符的音高有何变化?

实验中将会发生什么?

所有物体都以某个自然或共振频率振动。制作乐器的人正是利用这一点来扩大声音。例如,当音乐家吹奏一个管乐器时,簧片或双唇的振动就迫使乐器的管体振动。这就会引起乐器内空气以同一频率共振,从而发出更大的声音。管乐器产生的音质或音色会因其制作的材质不同而有变化。一支塑料竖笛发出的声音与木质竖笛发出的声音不同,即使吹奏的是同一个音符。这是因为塑料与木材有着不同的共振频率。这种音质上的差异叫作乐器的音色。当乐器振动时,它不仅产生一个音符,共振还产生大量和声或弦外之音,这就赋予乐器以独特的音质。

在管弦乐队中,铜管乐器往往比木管乐器有更清亮、更尖利的声音。铜管乐器是由铜和锌做的。它相对来说比木管乐器更坚硬、更致密。当铜振动时,它往往以比木头更高频率的声音发生共振。木管乐器往往产生更柔和的声音,因为木材不如铜致密,而且通常较软。因此,木管乐器往往以较低频率声音进行共振。

实验结果

1. 单纯音叉的声音比振动音叉与木板接触时发出的声音弱得多。
2. 振动塑料与振动木板发出的声音不同,但音高一样。
3. 金属产生的声音与木板或塑料产生的声音不同。它产生的声音更尖细,

实验21　不同材料的振动

而木板产生的声音更深沉。

4. 每次实验中音符的音高一样,因为实验用的音叉是同一个。

简易的气鸣乐器:听一下吼叫的公牛

(此处涉及的乐器叫"牛吼器",这里作者使用了比喻用法——译者注。)

到目前为止,讨论的所有管乐器都有着同样的基本工作原理。每个都是通过振动乐器中的气柱产生音符。但气鸣乐器振动方式也并非都是如此。在第一单元中曾介绍过一个简易的气鸣发生装置。在"实验6 振动速度如何影响音高"中,你曾旋转的绳子就有别于其他管乐器这类气鸣乐器。它不是振动内部空气而是振动其周围空气。

这种简易气鸣装置就是一个牛吼器。这些乐器的历史可以追溯到2.5万多年前,但在今天的非洲、南美和亚洲地区仍然有许多土著居民在一些仪式上使用。最早的牛吼器是一个某种细绳一端系着兽骨或木头的薄片。演奏时,音乐家握着细绳的另一端,在头顶旋转薄片。旋动的薄片振动空气,产生音符。音符的音高可以通过旋转细绳的快慢而改变。

打击乐器

让我们探讨一下两组相关的乐器：非膜质打击乐器和膜质乐器。这两类中大部分乐器是打击乐器，这就意味着它们是音乐王国中的重锤手：钟、锣及鼓等。它们主要通过敲击、摩擦和摇动来演奏。

非膜质打击乐器是当今全世界所发现的规模最大和种类最繁多的乐器家族。非膜质打击乐器(Idiophone)一词来自两个希腊词："idios"意思是"self"（自我），而"phone"意思是"sound"（声音）。非膜质打击乐器是靠乐器自身振动发出声音的。它不像管乐器那样必须迫使气流穿过内部。也不像弦乐器那样，非膜质打击乐器上面没弦。

非膜质打击乐器可能很简单也可能很复杂。一个节奏棒只不过是一个与地面有节奏撞击的木棒，但它却是一个非膜质打击乐器，作用就像一套踢踏舞鞋。这类乐器还包括钟、锣、钢桶鼓、木琴、拨浪鼓、钹，甚至摩擦节奏板。如果在敲击、摇动、刮抓或摩擦时发出声音，它就是一个非膜质打击乐器。如果乐器上面蒙一层兽皮或其他某种薄膜，那么它就是一个膜质乐器。膜质乐器包括鼓，还有一种非打击乐器：卡祖笛。

了解非膜质打击乐器最好的方式是亲自敲击一下这样乐器。在"实验22 制作非膜质打击乐器"中，你将把一些最简单的厨房用具变成世界级的非膜质打击乐器。

5. 打击乐器

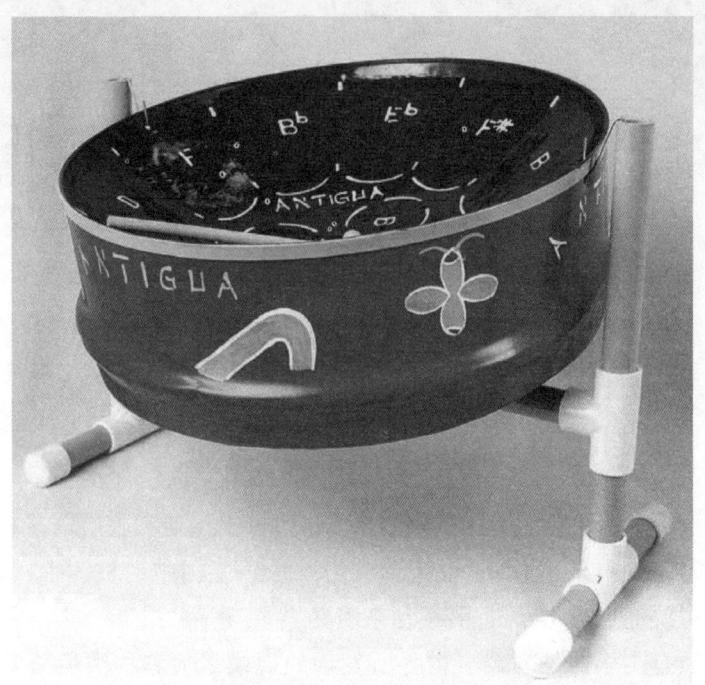

一个钢桶鼓就是一个典型的非膜质打击乐器,因为当敲击的时候,它自身振动并产生声音。如果它上面是由兽皮或其他薄膜构成,那么它就是一个膜质乐器。膜质乐器的膜层受到敲击后振动传递到乐器内部,引起空气振动,最后产生声音。

实验 22　制作非膜质打击乐器

题　目

如何把一个金属盆变成一个非膜质打击乐器？

简　介

　　一个非膜质打击乐器就是一个自身振动时产生音符的乐器。非膜质打击乐器可以摇动、摩擦或敲击。非膜质打击乐器历史悠久,可以追溯到几万年前。最早的非膜质打击乐器很可能就是一些相互碰撞或摩擦的木棒、兽骨和石块。尽管它们结构方式有些微差异,但控制其发声的原理却基本相同。在下列实验中,你将利用一个厨房用具来制作一个非膜质打击乐器,并通过敲击来体验你如何能够控制它的音量和音高。

实验时间

30 分钟

实验材料

- 大金属盆
- 木勺或鼓槌

- 几根粗的橡皮筋
- 椅子

安全提示

请仔细阅读并遵守本书"实验前必读"中的"安全准则"。

实验步骤

1. 为你的非膜质打击乐器制作敲击棒。在木勺柄端或鼓槌末端缠绕一些大的橡皮筋。用缠有橡皮筋的这部分敲击金属盆。这样可以避免损坏金属盆。

2. 将金属盆口朝上放在桌子上。轻轻敲击盆缘,听一下声音。再稍用力敲击,比较一下这次声音与第一次声音。

3. 微微岔开双腿坐在椅子上。把金属盆口朝下放在两膝之间(像两腿夹着邦加鼓那样)。用敲击棒敲打金属盆底部。比较一下这个声音与步骤2中的声音。

4. 盆口朝下,用1只拇指用力按在盆底。同时再敲击一下盆底。敲击时,拇指放在盆底的不同位置,听一下这些声音。

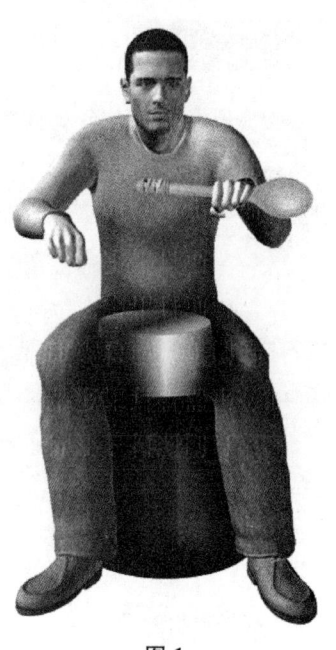

图 1

分析

1. 第一次敲击盆缘的时候,声音听起来如何?当再用力敲击时声音又有什么变化?

2. 当盆口朝下敲击盆底时,金属盆声音有何变化?

3. 当敲击同时用拇指按住盆底不同位置情况下,声音又有哪些变化?

实验中将会发生什么？

非膜质打击乐器在自身振动时发出声音。敲击盆缘传递了机械能，因此引起了盆的振动。这个声音听起来像锣声或教堂里的钟声，因为盆缘是在自由地来回振动。更用力敲盆就会产生更大的声音，是因为你用了更多的能量。这会产生更大振幅的声波。

当你把盆翻转，敲击它的底部时，声音与敲击盆缘时的声音不同。这个声音轻柔但音调高。这是因为盆的振动部分比原来小得多。对于多数非膜质打击乐器来说，振动面越小则振动越快，产生音符的音高就越高。当你用拇指按住盆底并敲击时，音高变化甚至更大。轻轻按住盆底曲面处，改变振动面的形状。这种效果与钢桶鼓的效果相似。一只钢桶鼓在敲击面上有许多不同大小的曲面。每个曲面在敲击时都会发出不同的音符。

实验结果

1. 敲击盆的边缘，发出的声音像钟。用力敲击则声音变大。
2. 敲击盆的底部，发出的声音比敲击盆缘发出的声音更轻柔、音高更高。
3. 敲击时按住盆底，会发出许多不同音符。

锣、三角铁和钟

在前面的实验中，我们看到了敲击物体的敲击面发生变化如何引起声音的变化。非膜质打击乐器结构设计上大的区别之一在于发声的振动面。对于一只钢桶鼓或木头鼓（又译作"非洲木鱼"——译者注）来说，有一个面就是用来振动的，而且正是它的大小和形状控制着音量和音高。但是，对于锣、三角铁和钟来说，声音则来自它们整个物体的振动。在"实验23 演奏共振的水杯"中，你将验证一个振动物体的质量如何影响音符的音高，并将发现一个小摩擦动作如何最终产生音乐。

实验 23　演奏共振的水杯

题　目

振动物体的质量如何影响音高？

简　介

　　非膜质打击乐器靠振动发声。有些情况，例如对于锣来说，是敲击它才产生振动。而在另外一些情况，例如对于摩擦节奏板或者锯琴来说，它们的声音则是靠乐器摩擦发出的。利用这种方式发声的较独特的非膜质打击乐器之一是在18世纪60年代由本杰明·富兰克林发明的久负盛名的玻璃琴，该乐器是将不同音高、由大渐小的玻璃碗儿侧向排列，穿于一个水平轴上。当轴转动时，玻璃碗儿就跟着转动。音乐家通过手指摩擦一个碗的侧缘就可以发出一个音符。在下列实验中，你将制作一个简单的富兰克林式的乐器，并用它来检验振动物体的质量与其音高间的关系。

实验时间

　　30分钟

实验材料

- 3个洁净的玻璃酒杯或高脚杯（必须是玻璃的），大小、形状一样，杯壁要薄
- 另外2个与上面不一样大小的玻璃杯
- 1个大水罐
- 1个小碗
- 几张纸巾

安全提示

注意不要打破玻璃杯。请仔细阅读并遵守本书"实验前必读"中的"安全准则"。

实验步骤

1. 把3个高脚杯放在你面前的桌子上。让第一个杯子空着，第二个杯子注入1/3的水，第三个杯子注入2/3的水。

2. 用肥皂将双手洗净，并用纸巾擦干。向碗内倒入2厘米高的水。将你的食指指尖在碗里沾湿。用沾湿的指尖在空玻璃杯边缘环动摩擦，直到发出声音为止。再把指尖沾湿，对装有1/3水的杯子重复同样的动作。比较两个玻璃杯发出的声音。然后再对第三个玻璃杯重复这样的程序。

3. 拿掉两个装水的玻璃杯。挨着剩下的玻璃杯再放置那两个额外的空玻璃杯。然后按大小把3个玻璃杯排成一排。再重复步骤2，比较一下它们的声音。

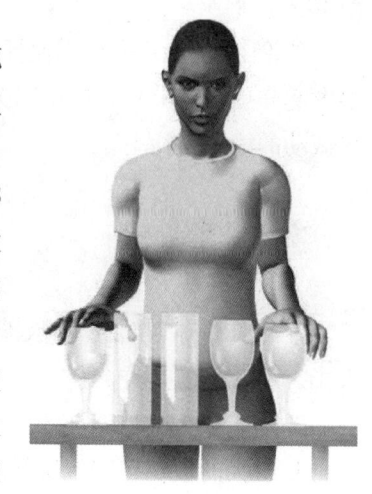

图1

分析

1. 当你摩擦杯子的边缘时,杯子里的水有什么变化?为什么首先必须沾湿手指?
2. 步骤 2 中哪个杯子产生最高音符?哪个产生最低音符?
3. 哪个空杯子产生的音符最低?哪个空杯子产生的音符最高?
4. 根据你的实验,一个非膜质打击乐器的质量和它发出声音的音高有什么关系?

实验中将会发生什么?

所有的物体都可以某一固有或共振频率振动。质量是影响一个物体共振频率的因素之一。重物体振动比轻物体振动慢(频率较低)。在这个实验中,玻璃杯中的空气并没有像整个玻璃杯自身振动得那么强烈。由于装水最多的玻璃杯质量最大,所以它比装水少的玻璃杯振动得慢。

要使玻璃杯振动,你需要掌握好手指与杯缘之间的摩擦。沾湿的手指一开始会在杯缘上滑动。但是,随着手指上水的蒸发,手指滑动开始费力,结果产生较大摩擦。一开始声音不大,但是随着杯缘开始更剧烈地共振,声音逐渐变大。

理论上讲,你几乎可以使任何玻璃杯产生共振。但是,对于薄壁的玻璃杯来说做起来更容易一些。这是因为薄玻璃杯的壁比厚玻璃杯的壁弹性好,因此使它振动的能量消耗小。

实验结果

1. 当你摩擦玻璃杯时,玻璃杯中的水开始振动。沾湿手指是为了掌控摩擦大小。
2. 水量最大的玻璃杯产生最低音符,而空玻璃杯产生最高音符。
3. 最大的玻璃杯产生最低音符,而最小的玻璃杯产生最高音符。
4. 振动物体的质量越大,它产生的音符就越低。

木琴、钟琴和真正的摇滚乐器

许多年来,人们根据较大质量产生较低音符的原理制作了许多不同的非膜质打击乐器。在第二单元中,你就曾用过不同木块做实验来发现它们的物理状态怎样影响它们的发声。有一种乐器就利用了这个原理,它就是木琴。木琴(xylophone)这个单词来自希腊语词汇"xylon",意思是"木头",以及词汇"phone",意思是"声音"。将两个词复合在一起便是"木头的声音"。

如果木头并非你喜爱的材料,那么你也许想试一试石板琴(lithophone)。这种乐器是由石头做成的琴键("lithos"是希腊语词汇"石头")。虽然石板琴从来没受到过摇滚乐队的青睐,但在远东和非洲却很受欢迎,在这些地区它们被用于一些仪式。

如果你是一个重金属音乐迷,金属木琴(metallophone)也许是你的钟爱。这些乐器是由金属制成的琴键。比较受欢迎的这类乐器中有两种:一种是钟琴,它们是游行乐队所携带的便携式乐器;另外一种是管钟(chimes),它们用于管弦乐队和教堂音乐。在"实验24 验证金属架管钟的声音"中,你可以尝试利用一些五金材料制作自己的金属木琴。

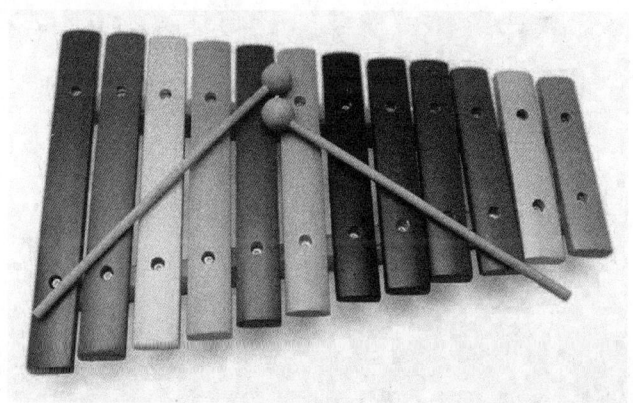

木琴属于非膜质打击乐器的家族成员,因为非膜质打击乐器就是通过敲击、摇动、刮抓或摩擦来发出声音。演奏木琴时,演奏者需要用木槌敲击琴键。

实验24　验证金属架管钟的声音

题 目

一个振动物体的大小是如何控制非膜质打击乐器的音高的？

简 介

非膜质打击乐器是一个靠自身振动产生音符的乐器。许多年来，人们曾用过很多材料制作非膜质打击乐器，包括木头、金属，甚至石头。在下列实验中，你将用角钢架来制作一个非膜质打击乐器，并验证一个角钢架的大小如何有助于控制一个音符的音高。

实验时间

30分钟

实验材料

- 5个角钢架，大小如下：10厘米、8厘米、6厘米、5厘米和4厘米。这些东西在大多数五金商店和家装建材商店都可以买到。
- 螺丝刀
- 金属衣架（如果上面贴有装饰纸，则需要除掉）

- 透明胶带
- 风筝线或包装细绳
- 剪刀

安全提示

请仔细阅读并遵守本书"实验前必读"中的"安全准则"。

实验步骤

1. 将金属角钢从大到小排列在你面前的桌子上。剪出5根细绳，每根大约30厘米长。在每个角钢架尾端的小孔上系一根细绳。

2. 手握最大的角钢架。用螺丝刀敲击一下，听一听声音。接着，用细绳提起这个角钢架。再用螺丝刀敲击一下，比较一下这次声音与手握时的声音。

3. 拿起最小的角钢架，并用细绳悬吊。用螺丝刀敲击一下，听一听它发出的声音。比较一下这个声音与悬吊的大角钢架发出的声音。

4. 按音高增加顺序排列角钢架，并将它们系在衣架的下横梁上。用胶带把细绳固定在衣架上以保持其在恰当的位置不动。如(图1)所示。

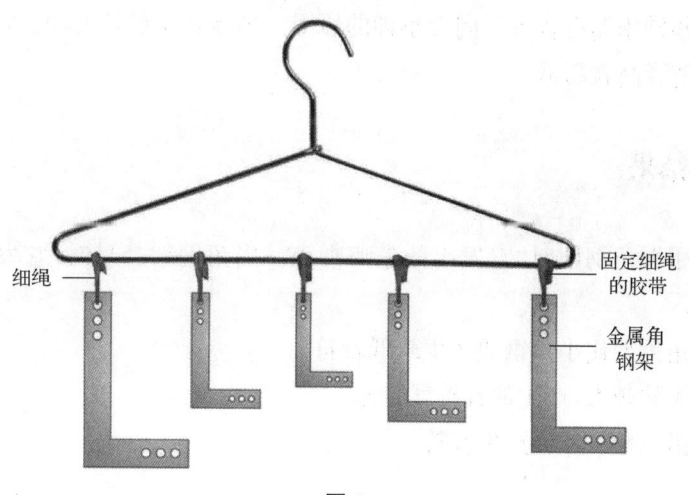

图1

5. 一只手握着衣架的挂钩,另一只手用螺丝刀分别敲击 5 个角钢架。比较一下这些声音。

分析

1. 当你手握那个大角钢架并敲击时,它的声音听起来如何?把这个声音同其悬吊敲击时的声音比较有何变化?
2. 这个大角钢架的声音与最小角钢架的声音比较有何不同?
3. 角钢架大小与它的音高之间是一种什么样的关系?
4. 根据你的实验,解释一下为什么三角铁和锣总是用细绳类悬吊着?

实验中将会发生什么?

非膜质打击乐器本身振动时发出声音。当你用螺丝刀敲击一个角钢架时,你就把机械能传递给了角钢架并使其振动。但是,为了使角钢架发出音符,你必须得让其自由振动才行。这就是你必须用细绳悬吊它的原因。这也是锣和三角铁在演奏时总被悬吊起来的原因。如果你用手握住这个乐器,它们当然不会发出声响。

当你敲击锣或钟时,你可以通过控制敲击的力度来控制乐器的音量。但你不可能真的控制音符的音高。因为整个乐器在振动,它产生了一个基本频率。这就是一些钟乐器有各种不同大小钟的原因。钟体和质量越大,振动得就越慢,产生音符的音高就越低。

实验结果

1. 当手握角钢架时,它发出的是噼啪声。当角钢架悬吊时,它发出的声音如同管钟。
2. 大角钢架比小角钢架产生较低音符。
3. 角钢架越大,产生的音符就越低。
4. 悬吊三角铁才会产生音符。

膜制乐器：膜为其本

要想比较全面地了解打击乐器就必须了解膜制乐器。膜制乐器包括大多数鼓类乐器。这类乐器发声不是靠整个乐器自身振动，而是靠音乐家敲击或摩擦某种膜或皮。作为乐器的顶部，振动膜通常覆盖于一个支架或腔体上。当你演奏膜制乐器时，顶部的振动就传递给腔体内的空气。这样就引起空气振动，产生声音。

像我们讨论过的其他乐器一样，膜制乐器也有很长的历史，可以追溯到几千年前。早期膜制乐器的腔体通常都是由木或陶的罐子做成。当今，鼓的腔体都是由木材、金属，甚至塑料制成。许多人认为鼓就是节奏性乐器，但多数的鼓是可以产生曲调的，因此，在演奏高手那里就可能产生一段美妙的旋律。在"实验 25 控制鼓的发声"中，你将制作几只鼓，并用它们检验打击乐器是如何获得它们的音高的。

实验 25　控制鼓的发声

题 目

控制鼓的音高有哪些因素?

简 介

膜制乐器是指那些具有振动膜的乐器。最常见的膜制乐器就是鼓。在早期膜制乐器中,鼓面常常是由兽皮做成的。当今的鼓常用塑料膜或人造膜。经过许多年的发展,人们采用了不同方式把膜固定在乐器上,包括使用圈箍、栓钮、钉子和胶水等。

并非所有的鼓都是膜制乐器。钢桶鼓和木头鼓就属于非膜质打击乐器,因为两者都没有不受乐器其他部分影响而单独振动的鼓面。

在下列实验中,你将实验几个不同的膜制乐器并从中发现它们是如何产生不同音高的声音的。

实验时间

45 分钟

实验材料

- 大的 2.2 升干净并带有塑料盖子的塑料餐用容器
- 小的 5.7 分升干净并带有塑料盖子的餐用容器
- 小的 37—45 厘升空金属咖啡罐
- 开罐器
- 直尺
- 4.5 升大小的塑料储藏袋
- 剪刀
- 铅笔
- 2 根或 3 根粗的橡皮筋
- 助手

安全提示

剪掉咖啡罐底部时要小心。新剪的边缘会非常锋利！请仔细阅读并遵守本书"实验前必读"中的"安全准则"。

实验步骤

1. 取大的餐用容器，并把盖子盖严。翻转容器，并用铅笔的橡皮端敲击几次容器底部。然后，让容器正立，再敲击几次容器的顶盖。把敲击盖子时发出的声音与敲击底部时发出的声音对比。

2. 将小的餐用容器的盖子盖好，并将其置于大容器旁。用铅笔的橡皮端分别敲击每个容器的盖子，并比较它们发出的声音。

3. 用启罐器除去金属咖啡罐的底盖，这样你手里就有了一个金属筒。当心，边缘会非常锋利！从一个塑料袋上剪下一个面，并修剪成一片 20 厘米×20 厘米的塑料膜。让无底无盖的咖啡罐一端立于桌上，并用塑料布覆盖上口。手握筒的边缘，并轻轻地沿着筒壁均匀地下拉塑料，使其紧紧地展开在咖啡罐的另一端。在你拉紧塑料的同时,让你的助手在筒的边缘缠绕 2 根或 3 根橡皮筋以保证塑料布的牢固。

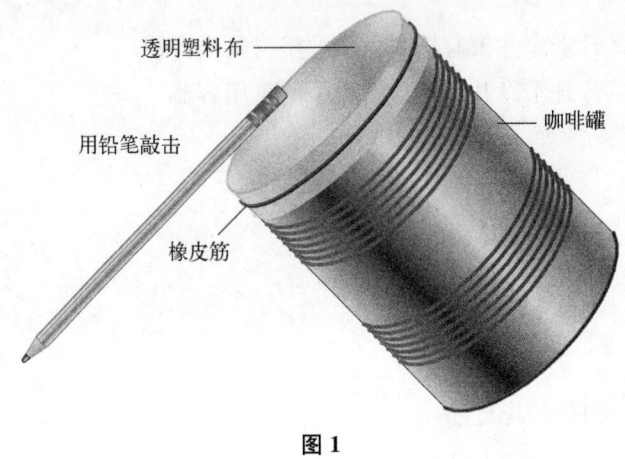

图 1

4. 手握咖啡罐,并用铅笔的橡皮端轻轻敲击塑料布。在你不停敲击塑料布的同时,轻轻地对筒壁重复握压和松缓动作。握压时观察塑料变化并听一听它发出的声音。把这个声音同不握压时发出的声音作比较。

分　析

1. 在你敲击大容器底部和大容器顶盖时发出的声音有何变化?
2. 大容器发出的声音与小容器发出的声音有何异同?
3. 在握压咖啡罐并敲击塑料布时,发出的声音如何?
4. 当你握压咖啡罐时,塑料布的张力有何变化?

实验中将会发生什么?

非膜质打击乐器是在整个乐器振动情况下发声。而对于膜制乐器来说,是靠顶膜振动引起内部空气振动。在该实验的第一部分中,容器的盖子相当于一个鼓的顶膜。虽然它与容器相连,但它不是容器本体部分,所以它独立于容器本体振动。敲击容器盖子产生较低沉但较大声音,因为它引起了内部空气的振动。敲击容器的底部产生较柔弱的声音,因为容器本身振动了其周围的空气。

鼓的大小有助于控制其音高。一般来说,鼓的空气容量越大,音高越低,而声音越响。这也是低音鼓比小手鼓产生较大而低沉声音的原因。在这个实验中,小容器比大容器产生较柔弱但音高较高的原因是大容器内部有更大容量的空气。

控制鼓的音高的另一个因素是鼓膜的张力或绷紧程度。就像吉他弦绷紧时产生高音符一样,鼓膜绷紧也会产生高音符。这是因为绷紧的鼓膜比松弛的鼓膜振动得快。较快的振动则产生较高频率的声波。当你握压咖啡罐时,你降低了它上面塑料膜的张力。如果你把大鼓的鼓膜绷得特别紧,它也会产生比小鼓还高的音高。

实验结果

1. 敲击容器底部发出的声音比敲击容器顶盖发出的声音柔弱但音高较高。
2. 大容器发出的声音比小容器发出的声音低沉但响亮。
3. 咖啡罐壁在被握压时发出的声音有变化。
4. 当咖啡罐壁被握压时塑料膜的张力在变。

摇滚乐器:从定音鼓到说话鼓

今天,在世界各地都可以发现鼓的踪迹。从微小的手鼓到响声如雷的定音鼓,它们大小不一,形状各异。膜制乐器常常根据外形分类,但也有根据演奏方式分类的。有些鼓用手掌演奏,而有些鼓则需要鼓槌。爵士乐音乐家常常会使用金属刷。定音鼓演奏者使用装有圆球状槌头的鼓槌。比较与众不同的一种鼓是"卡隆古(kalungu)"或"说话鼓",通常在西非可以看到。这些鼓是用一个弯曲的能够敲打和摩擦鼓膜的鼓槌来演奏的。它们发出的声调就如同当地土著语言。在一个有经验的音乐家手中,这些鼓发出的声音就像是在说话。

接下来,我们要探讨一下当代技术对音乐科学的一些影响。从扩声设备到合成器和采样器创造的音乐,当代电子技术已经为音乐家和乐迷们开启了一个新世界。

当代音乐风格

让我们想一想电及电子技术在当代音乐发展中所起的作用。从19世纪初开始，科学家们就发现了电子这一原子中的微粒可能会产生电。科学家们还发现了电与磁之间的关系；当电流动时，它会产生一种叫作电磁波的脉冲能量。这里的材料不会详细介绍这些波的工作原理。然而，这些早期突破却使得发明家们产生了放大和记录音乐的新想法。

电子通话：电子扩音发展简史

如果你曾参加过婚礼或摇滚音乐会，甚或在大礼堂听过讲话，你就能体会到电子扩音有多重要。在此发明前，讲话的人或对着许多观众演奏的音乐家都得费很大力气让人们听到。就如我们在第一单元里看到的那样，音乐厅和剧院的设计者凭借着他们对声波的理解来使发出的声音最大化。但是，对于原声乐器来说，即便是最好的建筑也会有局限。古典管弦乐团和军乐队之所以规模很大就是因为只有这样才能保证人们听到。同时演奏的乐器越多，音乐的声音就会越大。

电子扩音起始于19世纪，但它的起源却与乐声放大没有任何关系。在19世纪70年代早期，生活在美国的苏格兰移民亚历山大·格雷汉姆·贝尔（Alexander Graham Bell）正在致力于"谐波电报"的研究。当时，多数电报一次只能发送一个信息。它们使用的是莫尔斯电码和一个叫作音响器的设备，这种设备通过发出"滴答"声发报。一个经过培训的电报操作员接收后再进行解码。贝尔曾经在波士顿的聋哑学校做过教师,因此他有了用一套音叉替代音响器的想法。贝尔认为,通过使用不同声音频率可以在一根线上同时传送几条信息。

后来贝尔遇见了合作伙伴,一个天才的电气工程师托马斯·沃特森(Thomas Watson)。到1875年6月的时候,两人已经发明了一个利用一套振动金属片产生声音并在电报线上传递出去的系统。每个金属片都与电磁体线圈相连。当金属片振动时,它就使得这个磁体线圈运动。这样一来就在电线中产生了电信号。有一天,他们正在测试这个系统,发现有一个金属片卡住了。当沃特森费力修正它时,在另一个房间里的贝尔听到了从接收器传出的声音。实践证明正是这个金属片接收并传递了现场声音。他们制作的原来就是一个原声送话器,或者说是一个原始的麦克风。这一设备不仅使贝尔制造出第一部真正电话,而且也为其他方面的应用打开了大门,包括扩声和录音。

贝尔因为这一新装置而获得专利,之后其他一些发明家(包括托马斯·爱迪生)继续研究并提高了贝尔送话器的效率。经过许多年的发展,送话器演变成为我们今天拥有的麦克风。虽然当今的麦克风看起来一点也不像贝尔最初发明的原声送话器,但它们的工作原理是一样的。

麦克风是电子扩音过程的第一步。它接收声音并将其转换为电信号。为了获得放大的声音,你还需要一个接收电信号并将其转回为声波的设备。这就是扬声器的作用。一个扬声器就是一个反向麦克风。类似于扬声器设备的第一个专利在1877年被授予德国工程师厄恩斯特·西门子(Ernst Siemens),他甚至在贝尔钻研电话之前就曾经做过振动对电磁线圈影响的实验。

这些早期的扬声器在当时也没有太大的实际意义,因为还不是电话,人们也不需要听用电传递的声音。即便如此,发明家们还是继续对电信号转换为声音的研究。最早的电动扬声器就是一种底端带有小振动膜片的大喇叭。当膜片振动时,就产生了被喇叭放大了的声波——与小号演奏家振动双唇发声的方式很相似。

随着历史的发展,扬声器的设计也得到了许多改善。这些改善包括产生更大范围声音频率的"音圈"以及产生声音的振动鼓纸(而不仅是一个大喇叭内的小振膜)。

当两名通用电气公司的工程师设计出第一个现代意义上的扬声器时,才产生了最重大的进步。1925年,切斯特·赖斯和沃尔·特凯洛格(Chester Rice & Walter Kellogg)初步构想创造一部压缩型、直接辐射式扬声器。这与我们今天

李·德·福雷斯特（Lee de Forest, 1873—1961）的真空管（图中手握的就是，此图时间为大约 1910 年）实验引发了电子扩音器的出现。

在大多声音设备中看到的扬声器基本是一个类型。这种新型扬声器设计是日后促使乐器扩音器成为现实的关键因素之一。

在世纪之交，电子扩音研究并没有得到音乐家们的推进。取而代之，在 20 世纪之初，无线电却得到了大发展。在 19 世纪晚期，像伽利尔摩·马可尼（Guglielmo Marconi, 1874—1973）和尼古拉·泰斯拉（Nikola Tesla, 1856—1943）等发明家开始使用无线电波在空中发送"无线电报"信息。这些最初的无线电信号使用的是与传统电报中所使用的同种音响器。1906年的圣诞平安夜，加拿大发明家费森登(Reginald Aubrey Fessenden，1866—1932)使用了一种叫作"波幅调制"（英文缩写为"A.M."）的技术在空中传递了小提琴的声音。这是最早的无线电"广播"，为一个新兴产业开启了一扇大门。

其他发明家也注意到了费森登的思想，但是他们都面临着一个难题。早期无线电接收机功能很弱，以至于人们得用小耳机听任何声音。这对于那些想听同一个无线电广播的人群来说就不太实际。后来，在1906年的时候，美国发明家李·德·福雷斯特开始用一种叫作真空管的设备做实验。这种真空管早在几年前就在英国发明出来了。通过不断尝试和失败，李·德·福雷斯特发现，如果他调整一下这个真空管，它就可以用来放大无线电的电子信号。他把他的新发明命名为三极管，电子扩音器从此诞生。

在短短几年内，电子扩音器不断改进并用于收音机和新发明的电唱机。终于，在第一次世界大战期间，人们开始在播音系统中使用电子扩音器。直到20世纪20年代中叶，在乐器上使用电子扩音器的想法才真正开始出现。

实践证明，真正使音乐扩音器引起广泛关注的乐器是吉他。

电吉他

在世纪之交没有引起人们对电子扩音器多大兴趣的一个原因是当时流行的音乐形式。当时，在大的音乐厅演奏的音乐不是由大型交响乐团演奏的古典音乐，就是由铜管乐队演奏的军乐曲。对扩音几乎没什么需要。但是，在20世纪初期，像斯科特·乔普林(Scott Joplin)和费兹·华勒(Fats Waller)这些艺术家已经开始向人们介绍雷格泰姆音乐和爵士乐。这种音乐借助于电唱机和收音机等新型发明开始红遍全国。一开始，爵士乐大多只是在俱乐部和小剧场演奏，但是随着爵士乐音乐家知名度的提高，他们开始在更大的音乐厅演出。像路易斯·阿姆斯特朗(Louis Armstrong)这类小号演奏家还不需要扩音器，因为他们的乐器声音很响亮。但是，对于吉他手来说，他们就面临着一个挑战。

把吉他声音变大以便让人们听清，一直以来都是个难题。在19世纪的时候，钢弦和交叉拉条的使用提高了原声吉他的音量。吉他的琴体做得更大，里面能容纳的空气更多。一个叫约翰·多皮埃拉(John Dopyera)的发明家甚至还把一个钢制共鸣器放在他的木质吉他上。

然而,在20世纪20年代,甚至最好的原声吉他音量再大也无法同流行舞乐队中的铜管乐器和节拍乐器相匹敌。当乐队进录音棚录音或现场直播时,这种区别尤为明显。为了尝试提高声音水平,一些吉他演奏者开始把与扩音器连接的麦克风放在吉他附近或吉他内,但是这又带来一个技术难题:麦克风不仅在演奏时碍事,而且还会产生令人讨厌的回声。真正解决问题的唯一办法是创造出一种直接扩音的吉他。

1924年,在吉布森吉他公司工作的工程师劳埃德·洛尔(Lloyd Loar)设计出第一个用于吉他的电拾音器。拾音器最初是为中提琴和低音弦乐器设计的。

绰号"平底锅"的吉他(英文名字"Frying Pan",意思是"平底锅",是根据其外形的绰号叫法。——译者注)是世界上第一把电吉他。图中显示展会负责人伊恩·斯佩罗(Ian Spero)在"2007年生来摇滚"珍贵吉他伦敦展会上手握这把吉他进行宣传展览。电吉他使用一个电磁拾音器来收集弦振动(而非吉他振动),然后放大振动。来自拾音器的信号然后传递给另一个扩音器,达到扩音目的。

6. 当代音乐风格 119

它的作用就是"收集"乐器的振动。洛尔的拾音器是粗糙的,效果也很差,因为它最终减弱了吉他的固有振动。

1931年,与阿道夫·里肯巴克(Adolph Rickenbacker)同在电子弦乐器公司上班的乔治·比彻姆(George Beauchamp)冒出一个更好的想法。不是收集吉他的振动,而是让他们的装置收集弦振动。他们使用的拾音器是电磁的。这个装置放在吉他钢弦下,是由缠绕在一条磁铁上的线圈构成的。电流通过线圈时产生磁场,因此收集并放大了弦振动。来自拾音器的信号被传递给另一个扩音器,把声音放大。

1932年,比彻姆和里肯巴克开始宣传第一把真正意义上的电吉他。人们叫它"平底锅",可以放在音乐家的大腿上演奏,是由铸铝制成的。

这种吉他主要用在夏威夷音乐上,因为当时这种音乐很流行。这不是爵士乐、布鲁斯音乐或者西部乡村音乐的吉他手所使用的乐器。这些吉他手需要一个电气化版的更标准的吉他,也就是著名的西班牙吉他。看到了商机无限,另外几个生产商开始制造电吉他。吉布森公司推出了产品ES150,这是最早的真正成功的电吉他之一。

最早电气化的西班牙吉他存在许多问题。因为它们还是体腔中空的乐器,所以演奏的时候会产生共振,回声就成为一个大难题。许多吉他手不喜欢使用这些吉他,但是有些吉他手,如爵士电吉他演奏家查理·克里斯丁(Charlie Christian)却展示出这些吉他也可以表现很棒。中空体的电吉他也很受布鲁斯吉他手们的喜爱,如T—博尼·沃克(T—Bone Walker)和马迪·沃特(Muddy Waters)实际上都把吉他回声用作他们音乐的一部分。

有些吉他手开始动手制作自己的吉他。这些吉他手中间有一个传奇的演奏家和发明家,他就是莱斯·保罗(Les Paul)。他决定去掉吉他的中空腔体。他认为这样的吉他仍然可以演奏,因为拾音器对弦振动起作用而不是乐器振动。他把吉他琴颈和拾音器安装在一个4×4类似铁轨枕木的木杆上。当他把弦安在琴桥上并试音时,这个乐器不仅能演奏出一些音符,而且还没有回声。保罗戏称他的新吉他为"原木",尽管他从来没有宣传它,但他证明了实心吉他很有前途。接着他继续设计了一直以来最成功的电吉他之一"吉布森莱斯·保罗",这是今天许多摇滚吉他手的最爱。

莱斯·保罗并非是唯一实践实心吉他的人。在20世纪40年代期间,保罗·比格斯比(Paul Bigsby)和利奥·芬达(Leo Fender)也曾推出过类似的吉他。1950 年,芬达吉他公司推出了最早批量生产的电吉他"芬达·泰利卡斯特"(Fender Telecaster)。1954 年,公司又推出了最受欢迎的吉他"芬达·斯特莱特卡斯特"(Fender Stratocaster)。这种吉他的特点是有 3 个拾音器和一系列旋钮使得音乐家能够变换乐器的音质。斯特莱特卡斯特可以配置一系列特制的小扩音器,因此迅速受到越来越多的演奏新型摇滚乐的音乐家的追捧。

莱斯·保罗发明的实心吉他,可以消除空腔吉他带来的回声。这是 1996 年时的保罗。

到 20 世纪 60 年代初期,摇滚音乐家开始试着极尽发挥他们的电子乐器的潜能。像吉米·亨德里克斯(Jimi Hendrix)和埃里克·克拉普顿(Eric Clapton)这些吉他创新者发现,回声也可以成为好东西。亨德里克斯开发出一种"演奏回声"的技术,结果他的吉他里发出各种新奇的声音,这些声音在当今仍然使吉他演奏者着迷并启发着他们的灵感。他在 1969 年的伍德斯托克音乐节上演奏的美国国歌是最有信服力的说明——一把电吉他在一个合适的演奏者手里会奏出怎样美妙的音乐。

吉他和扩音器并非是 20 世纪 60 年代得到发展的唯一电子乐器。新型的电钢琴和电子琴也在这个时间得以开发,同时伴随发展起来的装置还有"哇哇"踏板、失真效果器和相位调整器等。这些装置用电线连接在乐器和扩音器之间，由此产生更多的声音效果。在 20 世纪 60 年代，物理学家罗伯特·穆格(Robert Moog，1934—2005)取得了很可能是那个时代最大的发明。他的紧凑型合成器(又名穆格合成器)不仅改变了音乐的演奏方式，而且还改变了音乐的创作方式。

电子音乐：发展初期

今天，在流行乐中听到合成器的声音不再稀奇。摇滚乐、乡村音乐、街舞音乐和爵士乐等音乐家都使用合成器。古典音乐甚至也创作出适应合成器的特点。当今，普通的合成器是紧凑型的，看起来就像带有许多调节盘和旋钮的钥匙板。但是，在不久以前，没有谁会相信人类能够发明一个电子设备来创作音乐。

一个合成器通过电子手段产生音符，它几乎不借助于管乐器、弦乐器或打击乐器的任何发声原理。"合成"(synthesize)一词的意思是"用许多不同部分来创造某物"。一个音乐合成器吸收单个声音成分并把它们合在一起产生音符。罗伯特·穆格在合成音乐领域很可能是最著名的，但他并不是拥有创作电子音乐想法的第一人。这个荣誉属于撒迪厄斯·卡希尔(Thaddeus Cahill)，他产生这个想法的时间大概在 20 世纪初左右。

撒迪厄斯·卡希尔是华盛顿市的一个律师，但对音乐有着浓厚兴趣。他被当时的技术发明深深吸引，以至于最终放弃律师职业成为一名全职的发明家。他花费大量时间研究对钢琴进行小的改进，而且甚至还发明了一种电动打字机。但是，他最感兴趣的想法是通过电话线传播音乐。在当时，电话送话器和接收器还没有多大影响，因此这个想法似乎不可能实现。卡希尔早就注意到，如果一部电话拿到交流电发电机附近，它就在电话线上产生一个声音。他还观察到转速变化的发电机产生不同音高的声音。他由此推理，如果他在电话送话器附近悬挂一系列发电机，他就可以用它们来演奏音乐并通过电话线传出。

经过几年对该项目的研究，他获得了一个设备专利，命名为"telharmonium"电传簧风琴。在专利申请书中，谈到他的设备创作音乐的方式时，他使用了"合成"这个术语。第一台设备创建于 1901 年。虽然简单，但它的重量几乎达到 7 吨。

卡希尔接着制造了其他一些电传簧风琴，并在后来命名为"dynamophone"电传簧风琴。设备越建越大。最终版本于 1906 年面世，花费超过 20 万美元。该设备含有 2 000 多个电旋钮，重达约 200 吨！虽然卡希尔的"dynamophone"电传簧风琴效果不错,但它的大小和费用使它变得很不实用。

但他确实证明了,音乐可以通过电子手段创造出来。最终,按他的思路,当今世界上最成功的电子琴生产商之一的哈蒙德风琴公司(Hammond Organ Company)将设备按比例缩小并开始制造。

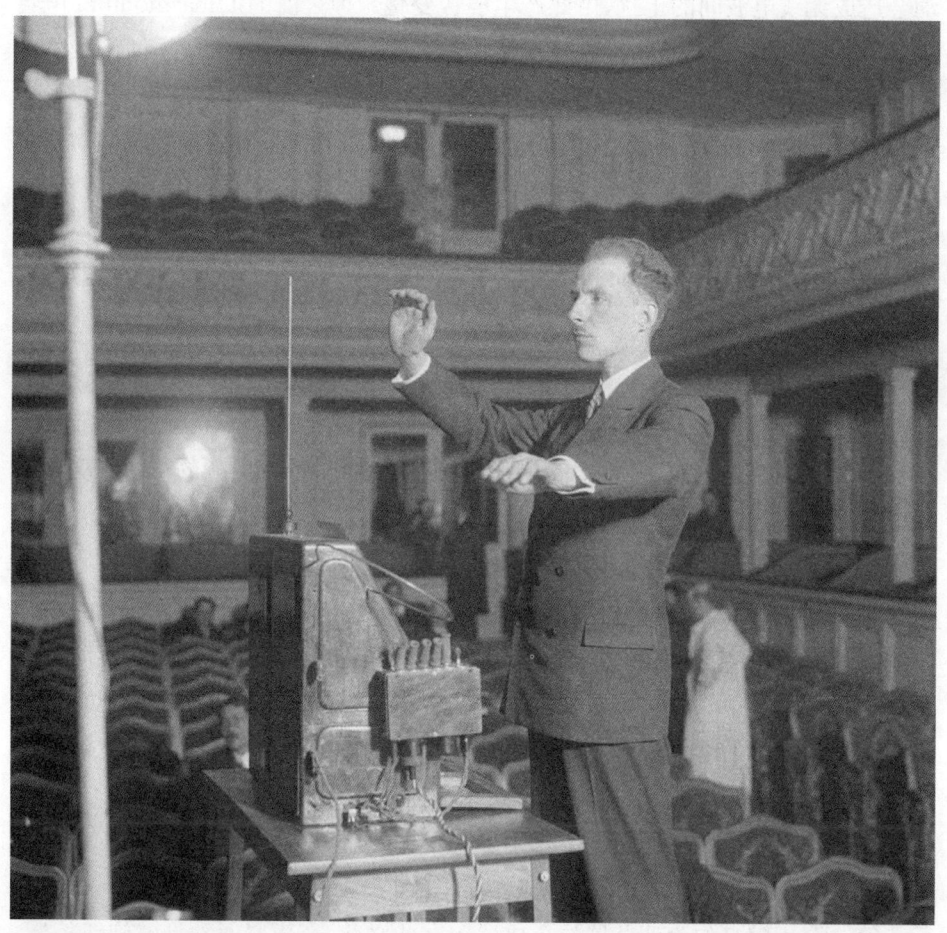

1927年,里昂·泰勒明正在演奏泰勒明琴(theremin)。这需要演奏者的手靠近设备的金属柱引起无线电波间的干扰,以此达到声音的变化。

到了20世纪20年代的时候,其他一些电子音乐开发者也在研究,但这时他们可以利用扩音器和扬声器设计上的成果。最有创造性的开发者之一是俄罗斯的物理学家里昂·泰勒明(Leon Theremin,1896—1993)。泰勒明没有使用机械发电机制造音符而是使用了以不同频率"震荡"的电子管。在之后的几年中,

6. 当代音乐风格

类似的这些设备成为人们熟知的振荡器,它们是后来构成合成器的关键部件。

他发明的这个乐器有好几种叫法,包括 thereminvox 和 etherophone,但是多数人直接称它为泰勒明琴。音乐家不是一定要手摸着泰勒明琴弹奏,因为它有两个金属柱起着类似天线的作用,金属柱能够感知音乐家手的位置。手的移动会造成无线电波间的干扰,由此产生声音变化。像之前的 telharmonium 电传簧风琴一样,泰勒明琴从来没有真正流行起来,尽管有一些古典音乐创作家确实创作了几段适合它的曲子。用泰勒明琴演奏的最著名的曲子是电视剧《沙滩小子(Beach Boys)》的主题歌《我不能自己》,作为该曲的背景音乐泰勒明琴演奏出高而飘忽的曲调。

当代合成器工作原理

到第二次世界大战结束的时候,电子电路方面取得的进步已经引发了许多新的技术,其中也包括最早的电子计算机。1955 年,哈里·奥尔森(Harry Olson)和赫伯特·贝拉尔(Herbert Belar)在新泽西州普林斯顿的 RCA(美国无线电公司)实验室展示了 RCA 电子音乐合成器。这是第一台使用振荡器、信号发生器和滤波器产生音符的当代合成器。因为它仍然使用真空管,所以它的个头还很大,它占据着一个小房间里的大部分空间。它还不能直接演奏。相反,这个乐器还得使用纸带编程。另一个版本马克二型(Mark Ⅱ),在 1959 年时放在哥伦比亚—普林斯顿电子音乐中心。那里是罗伯特·穆格付诸实践的地方。

穆格在很小的时候就对电子和音乐感兴趣。在 1949 年,他才 15 岁的时候就制作了自己的泰勒明琴,后来在康奈尔大学获得了工程物理学博士学位。穆格去了哥伦比亚—普林斯顿电子音乐中心工作,在这里他看到了那台 RCA 合成器。他开发出许多电子元件,使合成器变得小巧、成本相对降低。1964 年,他展示了第一台用键盘作为调节器的合成器。在此之前,合成器通常是由旋钮控制,而且还得编程。到 20 世纪 60 年代早期时,在许多电子电路中晶体管已经取代了真空管。穆格将这些装置吸收到他的合成器中,极大地减少了它的体积、重量和成本。他发明了一台外有键盘内有晶体管的便携式合成器,而且还可以像钢琴和风琴一样演奏。

在当今合成器的中心位置是音频振荡器。这一装置可以改变稳定的电流,使其成为以某一频率振荡或变化的电流。这些振荡的电流然后穿过滤波器,再

这是摄于 2000 年的合成器开拓者罗伯特·穆格手持一台"穆格合成器（Moogerfooger）"的照片。他身旁是一台 20 世纪 70 年代的"迷你穆格合成器（Minimooger）"，这是当时最先出现、可买得起的合成器之一。

放大，最后以声波形式从扬声器中传出。通过模块连接，不同振荡器可以联合起来创造出新的曲调。振荡器还可以操控并产生具有音质效果的不同波形。例如，一个正弦波就可以产生类似口哨的纯正、干净的音符。一个方波听起来就像双簧管和长笛的混合音。一个锯齿波听起来就像萨克斯的声音，而一个三角波听起来就像长笛的声音。

当代的合成器也能够合成出改变音乐的特殊效果。回声和混响（混响英语"reverb"是单词"reverberate"的缩写形式）是基本效果，能够使音乐家的演奏音符如同发生在一个空旷的大房间里。其他一些效果控制着这个音符的"包络"特点。这个包络描述了这个正在演奏的音符的时长和音量。一个音符可以开始音量很高然后逐渐变弱，或者开始音量很弱然后音量逐渐变高，或者整个演奏过程保持不变。许多合成器还可以使音乐家选录一些事先录制的声音并将它们存入乐器中。从炸弹的爆炸声到小猫的呼噜声，一个音乐家可以添加任何声音到音乐中。合成器内还有音序器，能够以一个韵律循环的形式存储声音或音符。一个程序化合成器乐曲的最好典范之一，是"谁人乐队"演奏的《不再被欺骗(Won't Get Fooled Again)》开头曲。

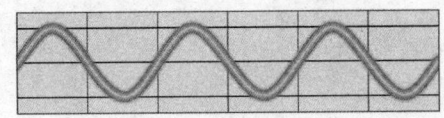

正弦波是音符的纯频率，它有像口哨一样的细声。

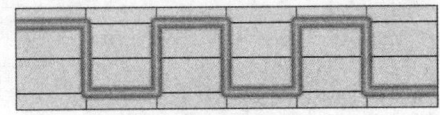

方波听起来像双簧管和长笛混合之声。

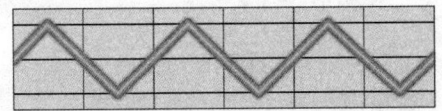

三角波有着明显的类似长笛的声音。

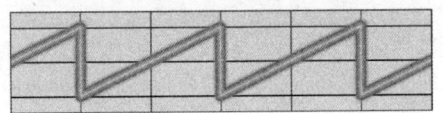

锯齿波有着温馨和饱满的声音，很像萨克斯。

不同的声音产生的不同波形

音乐的未来

当今，很难预测音乐科学艺术会把我们带向何方。近几年最重大的发展之一是，人们已经把计算机融合到合成器和录制设备当中。一个人无须知道如何演奏传统的原声乐器就可以在笔记本电脑上创作曲子。除此之外，硬盘可以存储数码格式的音乐，使创作者可以从现成的曲子中"选录"单独的音符和乐节。

一些音乐家认为这种"剪贴"方式不是真正的音乐创作，但仍然不乏有鉴赏力和创作力的人乐于此道。

事实是，从最远古开始，人类就已经通过模仿周围声音创作音乐。无论是一声鸟叫还是一声雷鸣，人们都学会用开发出来的器物模仿这些声音。数字选录就使得这个过程简单得多。实际上，在过去几十年，越来越多的作曲家已经把自然声音融入他们的音乐之中。

每个人对音乐的看法都不尽相同。虽然很难准确地给音乐下定义，但它确实是一种我们都喜欢而且在很多情况下我们也需要的东西。理解音乐蕴含的科学会使音乐听起来更加优美！